終點

贏在

李定智 著

李定智

　　新竹清華大學畢業後，在美國密西根大學取得航空工程博士學位，返台後在國立成功大學長年擔任教授職務。先後創辦兩所蒙特梭利幼兒園，2005年取得蒙特梭利教師證照，美國蒙特梭學會AMS會員，並曾担任國內蒙特梭利教師協會監事。本書是作者整理近10餘年在兩岸的演講及訓練教材，搭配20餘年的幼兒園實務案例而完成。

　　讀者看到書名時也許第一個疑問就是：「爲何是贏在終點？」贏在「起點」似乎較容易，因爲眼前就可以看到，可以調整加把勁，甚至「威脅利誘」一番。但，「贏」是什麼？真的「贏」了嗎？「贏在終點」講求的則是整個過程，好的結果是由過程中的持續努力累積而來。「贏在起點」不是不好，「愼始」當然重要，我們談2到6歲的教育，也是「愼始」，所謂的童蒙之時，有謂「蒙以養正，聖功也」《易經·彖辭》。然而，只有持續的過程，才能贏在終點。有了正確的起點，加上成長過程中能持之以恆，才能贏在終點。因此，孩子的人格特質養成是過程也是目標。本書將會談到許多關於孩子的天性和特質養成，它需要過程。

　　二十餘年前園所成立以來，不時會聽到來訪園的父母說：「兩歲好麻煩……」然而，這些年來們的經驗和理論都告訴我們：「兩歲不麻煩。」而且合適的親子關係建立後，這年紀階段，不但不麻煩還會是一段難忘甜美的親子間回憶。因此，雖然本書談的不只是兩歲，而是整個幼兒階段及其延伸，我仍特別以此爲書的副標題，並衷心地期望與父母們分享我們的心得心境與理念，希望年輕父母們能自書中得到有助親子關係發展的片語隻字，那麼這書就值得了。

給年輕的父母

現代父母真不好當。隨著孩子年紀從童稚到叛逆到桀驁不馴，每天從新聞媒體看到與孩童青少年有關的各種社會新聞，還有對現有教育體系的不滿意，讓為人父母的憂心越來越大，真是內憂加上外患。在孩子的成長過程中，父母很自然地扮演重要角色。只是，在過去兄弟姊妹多，孩子常是「放養」長大的。而近年來，少子化加上生活較富足，孩子得到過多的關照，卻形成了另一類不會更小的問題。相較於早期的教養方式，現今的方式可說是「過猶不及」。父母一方面希望孩子長大以後獨立、頂天立地成就大事業，另一方面又從小呵護備至鉅細靡遺，不知不覺中養成孩子的依賴心，教養上忽左忽右，寬嚴不一，難以均衡。其實，教養的困難正在於此，它原本就不是二分法，或寬或嚴二選一走到底。因此，我們必須意識到為人父母者，從開始就需要設想合適的出發點，和一些基本的教養原則，作為導引，一路陪伴孩子的成長發展。你不需要認同本書中的每一個觀點，然而，如果它能引發你的思考，並因此做出你認為對的選擇，本書的目的就達成了。

發源於歐洲並風行於歐美的蒙特梭利教育模式，可說是自二十世紀以來最具前瞻及未來性的

教育模式，相關的資料以及研究眾多，有興趣的讀者可自行檢索，隨手舉例較近的參考資料如[1]。蒙特梭利教育的精髓和價值，並不只是一套套硬生生的教具，而是潛隱於教具及其操作之中的教育概念及釋放孩子的天性。並不是表面上英數理化的突出成績，而是孩子獲得這些好成績背後的優秀人格特質。而這些人格特質，是可以透過蒙特梭利教育模式被具體化的孩子的天性。聽起來並不複雜，難在它的落實。這本書是作者過去三十年浸淫於蒙特梭利領域，同時經營蒙氏幼兒園的實務經驗之融會所得，希望能對於將一路陪伴孩子成長發展的年輕父母有所助益。書中會引用到一些實例，但它不是一本照本行事的手冊，而是藉由這些例子來說明一些重要的原則，一旦能掌握這些原則，父母們反而能舉一反三，自行找到孩子成長過程中五花八門問題的源頭答案。因此，書中羅列了一些原則值得不時地翻閱回顧，作為提醒。本書也適合初入幼教領域，希望一窺蒙特梭利模式大要原則的從業教師或人員。

個人經驗顯示，許多讀者甚或圈內人，以為蒙特梭利模式僅是「幼兒教育」的一種方式。事實上，它「釋放天性」的教育原則，可以持續延伸適用到孩子青少年甚至青年期，也就是一直適用到18歲。個人以為，這也恰好證實了蒙特梭利教育模式的宏觀及通用性。

本書的內容雖然主要仍以2到6歲為討論闡述對象，但讀者應不難自其間體會到它可延伸適用到更大的孩子身上。本書在

脈絡上分成兩部分，第一部分是蒙特梭利的理念，第二部分是理念舖陳到教育及教養實務上之相關討論。所有行動的基礎是清晰的理念，建議讀者應確實理解這一部分，其應用將更能得心應手。此外，教養模式有不變的指導大原則，卻沒有一成不變的行動模式，知與行之間勢必隨著孩子的個性及情境差異，而有不同的施作步調及力度，父母應透過行動實作，並隨著孩子成長而調整，動態的逐步建立自家的模式方成其功。我們在前言部分就會論及如何建立模式（了解孩子準備環境）。

　　本書中偶會夾雜英文或外文的字詞，不是賣弄而是考量單一語言總有詞不達意或模稜兩可的時候，加註源出語言則能交叉確認更明確的詞意。此外有些名稱即是承自外語著作，忠於原意而已。本書許多內容作者已用在幼兒園中開辦給家長的親職課程，或大學幼教科系之蒙特梭利學程，以及在兩岸的數次講習和演講上，內容經編纂增刪而來。

　　兒童教育是一個寬廣且理論及實務兼具的領域，涉及許多的面向，如教育、心理、醫學、社會、人類，甚至哲學、科學等等，本書中有些涉及較專業的部分，挂一漏萬及難免疏漏，不足之處有待各方讀者指正。（denzlee@mail.ncku.edu.tw）

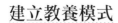

建立教養模式

　　這本書中我們要論述的孩子特性，是從孩子的成長發展及教育和教養角度來看，並以蒙特梭利教育模式爲主要參考。書中無意也無法網羅所有成長發展或教育理論，而是試圖從比較實務的角度來解釋這些實際作爲其背後的理論和原則依據，也就是說，我們論述的是「實務上的理論」而不是「理論上的理論」。我們希望的是，父母在參考本書後，能依據這些原則，蘊釀成適合自己孩子的一套教養和親子教育模式，並以此模式陪伴孩子成長發展。也就是說，本書不是在提供教養上的「標準答案」，而是試著建構一種教養上的「架構」。每個孩子都是獨特的，成長環境也不盡相同，嚴格來說教養本就沒有「標準答案」。不過，一些基本原則確實是存在且有用的，善用這些原則並加以組合應用，自然可以成爲一套架構。

　　其次，作者提出這樣一個「了解孩子，準備環境」的模式，讀者會發現並非僅適用0到6歲孩子，而是能適用直至孩子長成青年人。這樣的動態架構，可以隨著孩子成長而漸次加入適齡的作爲於架構中並延伸，我在書中會加以闡明。

再者，「落實實踐」是這些原則是否有效的最好檢驗。明儒王陽明說「知是行之始，行是知之成」，真知來自實踐，實踐是最佳的檢驗。教養對父母而言是一種實踐，不只是理論探討而已。「起而行」是我給年輕父母最強烈的建議，此外，也因為行動所以將更強化自己求知的需要。

　　長年作為一位蒙特梭利教育的工作者，經常會遇到家長問這樣的問題：「你可以簡單地說明什麼是蒙特梭利教育模式嗎？」這個問題我思考了許多年，我的體會是：「蒙特梭利教育是以孩子人格發展為主軸從而帶動其知識發展的一種教育模式。」另一句我常用的是：「了解孩子，準備環境。」更難懂了是嗎？如果上面兩句無法讓你滿意，那麼，我還真不知如何簡單回答你了，只能邀請你耐心地看完這本書。的確，這不是三言兩語能說清楚的。如果希望不斷章取義的了解，並且搭配具體的實例，通常我會邀請家長來參加我的親職講座，並且請家長安排出至少10個小時給我。對於我個人來說，我喜歡簡單明瞭的第二句：「了解孩子，準備環境。」從理論到實務，這句話是我的核心觀念。由這八個字可以從指導原則往下鋪陳出一間蒙特梭利教室，或在家庭中營造出一個適合孩子成長發展的蒙特梭利環境。「了解孩子」指的是了解孩子的階段特性（天性），這是隨著孩子的年紀成長而改變的（參考第一章〈成長四階段〉），這是「理論」或「知」的部分。「準備環境」指的則是根據對孩子天性的了解，去營造孩子適性的成長環境。這是「實務」或「行」的部分。看！理論及實務都有了

的一個架構。繼續往下鋪陳延伸，我們就知道該做些什麼，這本書就是以這架構來安排的。所以，我的第一章就從「了解孩子」開始。

　　在實務上，首先我們要先提出如何建立一個模式。如前所述，教養模式從實踐開始，要能落實「實踐」則以對孩子的「了解」爲基礎。因此，一個動態的教養模式的形成，可以從「了解孩子」啟動，接著是藉由對孩子的了解而準備環境，在這「準備的環境」中實踐教養，在實踐過程中，我們將更了解孩子，並修正我們的「準備的環境」。因此我們看到了一個動態（隨著孩子成長）而且不斷改良（如果我們對孩子的了解不斷精進）的教養模式，它將成爲一個良性循環，如圖一所示。

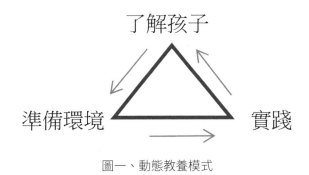

圖一、動態教養模式

　　這就是我以蒙特梭利教育原則爲基礎所提出的動態教養模式。

顯然的，模式的有效性第一步在於正確的「了解孩子」的特性。蒙特梭利在她的著作中，不斷的強調了解孩子的重要，而且直到去世前她仍認為我們對孩子的了解不夠。隨著時間及相關教育研究與科技的進展（例如大腦發展與教育的關係），我們對孩子有了更多的了解，如何將這些了解落實在準備的環境與教養實踐中，正是蒙特梭利與有識的父母們未竟的大業。

蒙特梭利談了解孩子，是指了解孩子的天性。孩子的天性不分種族、不分地域，只要是同樣年齡層就有相同的天性，也正是如此才足以稱作天性。在書中我們先不談孩子的「個別」特性，個別特性會因成長情境不同而有所不同，而且有時並非正面的。如果把孩子的階段天性看作是基準，那麼孩子的個別特性差異，可以視為是架構在天性上的「波動」。天性與生俱來，而且在正常呈現的情況下是有助於孩子成長發展的，我們在下面的章節中會說明。教養模式容或有百百種，但本書所闡述的模式，若要見其實效，必須先建立一些信念，我不會在書中去證明或甚至辯護這些信念，因為這些信念有些不辯自明，有些是前提，少了它們，模式則難以成立。這就像在人類的現代工業文明中，所有以熱能為操作基礎的熱機（如鍋爐、發電機、飛機引擎等等）都是以熱力學三個定律為前提，沒有科學家要求理論證明熱力學三定律，因為純理論上它無法證明，實務上三定律卻是完全有效（至少在地球上是如此）的前提。

孩子的本質是寶礦不是空瓶

　　首先，我們要設定對孩子本質的基本信念，有了這些基本信念就有了正確的出發點。第一個也是最重要的信念就是「孩子的本質是寶礦不是空瓶」，空瓶只能被動地裝東西，空瓶只能等著被填滿，而寶礦則需要開發，它具有巨大潛能。孩子具有潛能，不是口號，是可見的事實。但是長期以來我們的教育制度，東西皆然，卻常忽視這事實而便宜行事，只以最方便、標準化、量產概念，像生產線一樣製造相同產品方式，排斥甚至剔除「偏離標準」的孩子。而統計學上來說，所謂「偏離標準」的孩子，包括統計曲線中兩端，即最差（也許需要補救教育的）和最好的（可能是天才資優的）。進入二十一世紀，科技文明的高速進展，已將人類帶入非常不同的一種生活模式，大量資訊（information）唾手可得，我們的教育制度如何培育孩子有效萃取資訊成知識（knowledge），仍必須依靠正確教育模式下培養（cultivate）出來的有效大腦。這樣的大腦正如蒙特梭利所說，是具備「思考架構」，而不是一個資訊的「容器」而已。也就是說，教育應強調培育大腦成為一個有能力系統地萃取出知識的思維架構，這架構能進一步融會所得訊息，整合出創意。人類的大腦絕對具備這樣的可能性。

　　另一個面向來看，以目前人類每年能產生出來的資料量來看，空瓶填鴨式教育絕對無法跟上資訊擴張的速度，更難以和具備人工智慧（AI）的機器人（robot）相抗衡。孩子必須

隨著年紀增長，具備過濾整合並消化吸收資訊的能力，亦即將資訊數據內化、轉化成知識的能力。面對如此巨大挑戰，幸運的是，根據蒙特梭利畢生的觀察和研究，孩子確實具有這種天性和潛能，需要的就是教育教養方法的調整而已。孩子的潛力可以發揮到何種程度，就看父母認知和努力營造成長環境的程度。因此，首先讓我們記得孩子是有待開發可以琢磨的寶礦。接下來我們就進入第一章。

贏在終點

目錄 CONTENTS

第一章

認識幼兒特性（2-6歲）

一、我們認識幼兒嗎？幼兒的特性是什麼？

「我自己的孩子我怎麼會不認識？」別誤會，我們說的認識是認識孩子的天性。讓我先考考你對孩子的天性有多少了解。你注意到嗎？如果你和兩歲的孩子玩捉迷藏，你應該在相同的地方躲藏，相同的地方出現，孩子覺得這樣很好玩。如果五歲的孩子你還那麼做，就不好玩了。三歲的孩子很堅持同樣的事情要用同樣的方法做，他很「盧」嗎？〈弟子規〉、〈三字經〉甚至九九乘法聽幾遍後他就幾乎都記得了。但先別高興，大多數其他同齡的孩子也可以。兩歲多的孩子會從一念到三十，那不是數學，那是國語。西諺說「麻煩的兩歲（terrible two）」，你同意嗎？我的觀察是「兩歲不麻煩」！四歲還比較麻煩！還有，「幼兒沒有壞孩子！」（這是信念）。孩子壞，更可能是因情境不對，壓抑了他的天性，使得他的反應看起來像是個壞孩子。「幼兒不會說謊」，但是他說的卻不見得是事實，這是幼兒的認知不足的原故。以上種種例子，如果了解到孩子這些表現和反應其實都來自這年紀階段的孩子天性，我相信你也會和我一樣有相同的觀點。

幼兒階段孩子有許多天性，也許我們略有所知，但常不深切，幼兒的天性如果能夠加以了解並善加利用，對協助孩子的學習和發展將非常有幫助。如果了解孩子的天性，家裡處處都會是孩子探索學習的對象，而不會覺得孩子精力旺盛，只會到處搗蛋。因為你將會知道如何引起他的興趣，引導他的旺盛精

力。你會發現他是專注、守規則紀律的，而且你也將不需要巨細靡遺的規定一籮筐連你自己後來都記不得的規定，然後不斷的破功並因此威嚴掃地而老羞成怒。父母的教養任務必須基於「了解孩子」的天性，否則很容易迷失方向甚至走向極端。我們全書就在不斷闡述「了解孩子，準備環境」的這一原則。請記得，適當「了解孩子」天性是教養的第一步。在討論孩子的階段特性前，我們可以用些時間了解一下，孩子從出生到成長至可稱爲成人，有四個階段，此外，我們也要稍微了解一下大腦以及大腦和教育的必然關聯性。

表一

0-6幼兒期	吸收性心智 Absorbent mind	例：what好奇探索
6-12學齡期	求理性心智 Reasoning mind	例：why典範崇拜
12-18青少年期	實驗性心智 Experimental mind	例：how嘗新叛逆
18-24青年期	覺醒心智 Awakening mind	例：離家獨立

二、成長四階段、教育金三角

我們都同意孩子成長有階段性，常見的是將它劃分成兒童期、青少年、青年期。蒙特梭利則是更系統性的，將孩子的心

智特性，自零歲起將它每六年分為一個階段直到二十四歲止。也就是0-6歲、6-12歲、12-18歲、18-24歲四個階段（表一），每個階段可再分成兩個3年的次階段，每一階段都有它的特色，分別簡要說明如下。

成長四階段

1.幼兒期

幼兒期，蒙特梭利稱這階段的孩子特性為吸收性心智（absorbent mind, AM）。顧名思義，這階段的孩子吸收能力超強，一個比喻就是像乾海綿吸水一般。需要注意的是，好壞都會吸收。因此，「準備的環境」就很重要了。一個三歲的孩子，背誦著〈弟子規〉不意外，念著1到20也不是數學好，是記憶好。教學閃卡的設計就是運用孩子的這能力。本章之後第五節談「吸收心智」時會有更詳細的描述。我用英文字what來概述這階段孩子的特性。這階段孩子愛問「這是什麼」，他需要知道很多的名稱。他也可能會問「為什麼」，但是如果過多連續的問「為什麼」，就可能是「超齡」的對話了。這種情況下他可能只是要留住你的關注而已，不是真的需要知道答案。

0-6歲的孩子，生理心理變化劇烈，容易生病，屬於較不穩定的階段。這階段內相對「不乖」的年齡出現在4歲左右。這時的孩子心智有了一些基礎，似懂非懂，想要自己當家獨立，「自我」比較強烈，這是好事不是壞事，應該耐心有技巧地引導他。這階段，規律、次序、例行、可預測的

事物，對孩子是很重要的，可以提高孩子的安全感，而且可以強化孩子學習能力。對應這年紀層的孩子，因為「吸收心智」、「敏感期」的階段特質，使得他的學習相對敏捷容易。他的動作發展、語言發展、認知發展、社會化等等都是這階段中很重要的功課，必須盡可能得到完整的機會。錯過每一個階段的發展機會，以後要再補上將會需要加倍的功夫，有些能力甚至可能就此錯失了。

2.學齡期

學齡期，被稱為求理性的心智（reasoning mind）。知道了很多的「這是什麼」以後，他們想知道「為什麼」（why），這是所謂的求理性的心智。這階段的孩子需要給他適齡的理由，增進他的推理邏輯能力，不要唬弄他。這階段求理性的心智，使得孩子在稍長時，對於父母及周遭成人會「聽其言，觀其行」，成人的言行是否一致，將對孩子產生行為上的影響。這年齡層孩子的身心發展是相對沉穩的階段，不那麼劇烈變化。這階段的孩子也會有典範崇拜的情況，例如，因為大卡車很壯觀，所以想當卡車司機，因為制服很帥氣，想當軍人等等。這階段孩子更融入同儕圈，可能出現小圈圈，對於公平與否很在意。他們認定的「正義」基本上是用二分法，需要引導以免誤用。父母要學習慢慢放手，由「指示」孩子做，逐漸轉換成「引導」孩子做，逐漸培養他做計畫（例如，讀書計畫）的能力、落實計畫的能力，還有能檢討反思的能力（這些

都是訓練孩子大腦前額葉的「總裁功能」）。逐步放手，
但又要多聽聽孩子想表達什麼。「了解孩子」階段特性，
還是最基本的原則。

3.青少年期

青少年期涵蓋了西方人所稱的teenager時期的大部分，我
們可能主觀地認爲這是一個「叛逆的階段」。父母應該重
新認識這階段。首先，它是連貫的第三個階段，不是突兀
的單一階段，亦卽前面的兩個階段顯然對這階段是有影響
的。其次，這階段也是成年前發展的一部分，不可能只是
「壞的」、「負面的」。相反的，這階段是「實驗性的心
智」，孩子處在「確認」一些東西的階段，他們也許質疑
一些價值規範，但並不表示他不要這些，協助他們再確認
正確的價值和規範，反而是成人不能規避的責任。值得我
們深思的是：孩子在大環境中所見所聞的成人，其言行是
否一致，是否足爲正確的標準，是否反而成爲衝擊孩子正
直天性的劊子手？因此，這又回歸到「準備的環境」這個
大原則了。「how」這個字正呈現這階段孩子想要自己做
些什麼，他想怎樣做自己，或者他想怎樣可以做出一個什
麼。所以，這時候很適合引導孩子完成一個「計畫」，提
升孩子的自我效能感（self-esteem）。如果能引導一群
孩子，一起完成一個計劃更好。例如，一齣話劇，一個表
演，一個清潔計畫等等。如果孩子對事物有不同的意見，
他應該得到表達的機會，他應該被合理的說服，或者是他

的意見被採納。這階段的孩子，身心再度處於劇烈變化的階段，拉拔得快，也容易生病。

4.青年期

進入青年期，這是孩子覺醒心智（awakening）的階段。對於一些事情，他開始有能力也應該自負其責了。再提醒一次前面說過的，獨立和負責任是一體的兩面，不能負責任就是還無法獨立。不負責任的獨立稱為「恣意」。這個階段的學習，青年有更多的自我意志在其中，相對的，我們給予的支援越多是抽象哲理上的、思辨的。當然，這階段孩子（應該說青年了）也越多反饋於成人的。換句話說，父母開始能自孩子身上學習到一些東西，甚至得到孩子的「照顧」，我們和孩子的關係越來越像是朋友。嘻笑怒罵、甘苦與共是十分自然的，因為親子之間的互動應該已是堅固暢通的了。「了解孩子」仍是一輩子的準則，「準備環境」則可暫告一段落，因為孩子已能，也應該自行建構自己最適的環境，這階段結束時，他已是成人。他開始足以反饋社會，參與推進文明進步。這是父母們足以安慰自豪之時。

教育金三角

如果我們同意「環境」對孩子的教育是重要的，我們自然會注意到孩子的環境中，同時包括了學校和家庭，或就其成員來說包括老師和父母。因此，孩子的教育環境是一種「三角架

構」，三個角才能穩固的撐起孩子教育的完整性。我們姑且稱它「教育金三角」。我們的社會常聽到「教育失敗」，而且振振有詞，卻常忘了所謂「教育失敗」，是否也意味包括了家教的失敗，值得我們好好的思考。所謂「教育金三角」如下圖二所示。

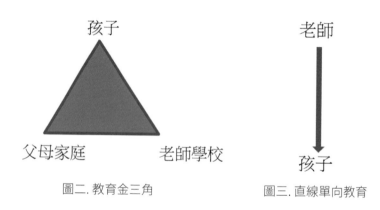

圖二. 教育金三角　　　　　　圖三. 直線單向教育

　　一般傳統主觀的概念中，教育是孩子和老師的架構，是一條線的關係，甚至是單方向的一條線（圖三）。如此，傳統教育是一個單方向：老師對孩子，我高你低，我懂你不懂。如果老師開明些，它可能是「雙向」的，但仍是一條線。如果我們期待的教育只是知識技術的獲取，我們請來一個專家，他懂，孩子不懂，那麼，這種關係只是一條線，並無不妥。如果，我們期望的，除了知識技術還有孩子的人格養成、人際關係等更完整全面的教育，那麼，家庭父母顯然不能自外於教育。相反的，家庭占了孩子「環境」更大的一部分，除了知識技術上的學習，其他面向，家庭要負起更大的職責。即便是僅從孩子在

學階段的時間比例來說，家庭都超過三分之二以上，將孩子的教育完全指望甚至全然責於學校，並不切實際。至於，完全忽略、放棄家庭在廣義教育上應負起的任務，那就更不可思議了。也因此，教育應是三角六邊的關係，父母、教師之間不是你付錢我辦事的關係，而是對孩子最有利的教育「共構」關係。教師可以自教育專業上提供父母引導方向，父母可以一方面自然的成為孩子人格教育的樣板，一方面提供教師對孩子個別特性的觀察以協助（facilitate）教師的教導。

接下來我們把焦點再放回到「幼兒期」來。我們稍微再細一些看看這個階段孩子有什麼樣的特性。

幼兒期階段（0-6歲）

幼兒階段指的是從出生到學齡之間大約六年的期間。此時的孩子生理上變化快速，在過了初生的母體免疫能力階段之後，也容易生病，需要關照他的起居衛生條件，但也不必過度反應，因為偶而可控的感染疾病，對孩子的免疫系統正如演習一般，有助他的日益強健。孩子每一個發展階段都要考慮到不只是生理的，還有心理的、情緒的健康發展，這幾個不同面向的發展又彼此相互影響。例如，生理上的健康影響心理上的健康，心理上的壓抑也將影響生理上的發展。生理上的成長明顯易見，容易量化，所以也容易被單方面過度強調。在幼兒園中，三足歲的園童仍大量飲用奶粉牛奶致體型過胖的並不少見。殊不知此時孩子需要更均衡的食物，而且藉由嚼食強化口

腔舌頭肌肉還有益於咬字發音。反之,孩子心理上的發展,因不可見而易被忽略。此階段的孩子需要一個平和、穩定的情緒情境,有規律的作息,有次序的擺設,可預測的一致規則,家人間的溫和互動等,都能帶給孩子「安全感」。我們常見到的是,爸爸是孩子的大玩伴,往往和孩子嬉鬧過頭而「樂極生悲」,孩子的情緒過度起伏,並不是正確的發展模式。孩子的「動」是動作發展的必要過程,但不是躁動,是能動能靜的動,是聰明而協調的動。

此時的孩子正值動作發展敏感期,加上探索的傾向,因此十分好動。我們應該善加利用他們的階段特性,不但不要制止他的好動,反而應該準備好並提供他一個安全適宜的空間,加以引導,讓他的精力投入在一個他有興趣,而且能親自動手的工作或活動之中。因此,假以時日他的天性得到滿足,他的精力有出口,他學得一些東西,因此他的自我價值感得以提升,自信增加。相對的,他的服從度反而提高,因為他的生長環境是友善、順其天性的。說到這裡,我們停下想想,這種對孩子的回應是不是和我們主觀常見的做法很不相同?

這階段孩子對於外界感官刺激訊號 (stimuli)十分靈敏勤於吸收。但同一時間過多、過於強烈的刺激卻是有害的,這和大腦結構及功能有關係。幼兒階段的吸收能力十分強烈,就如超大容量的資料庫,急於增加它的資料存量一般。它鉅細靡遺、好、壞皆吸收。但是這些訊息,經常使用的(內化

過的）將被保存下來，不常用或不使用的將面臨「被修剪」（pruning）掉的命運[2]。

　　情緒發展方面，這階段的孩子需要很多的愛，親子間親近的接觸例如摟抱、親頰、摸摸頭，對孩子都是有益的。對孩子的耐心、和藹的對話方式，都會給孩子留下良好的經驗，反之亦然。這些不同的經驗，將型塑他對生命（生活）的態度，並影響其人格發展：如果他接收到的是愛、尊重、友善，他將個性開朗、沈穩、正面的。如果他接收到的是不時被挑剔，他的個性也將是急躁不安、挑剔的。

　　簡單的概括這個0-6歲的階段，孩子正在進行的數個發展，主要的就是動作發展、語言發展、認知發展以及社會化等的逐步啟動。動作發展將細化他大小肌肉的使用、動作協調、手眼手腦協調。這時的孩子需要自己能「親自」動手「做」完一件事，親自「掌握」情境中的事物，在孩子的心理、生理發展上，這都具有重要的意涵，父母成人不應剝奪孩子的發展機會。語言發展則顯然是孩子融入其生長中的文化的重要過程。說、聽讓孩子與他周遭的人可以溝通，讀、寫使孩子可以進出、存取他自己生長的文化。只有當孩子可以無礙的理解別人，無礙的表達自己，他才能有真正的歸屬感和安全感。至於認知發展，則是孩子詮釋環境中接收到的各種訊號的能力。舉例來說，自出生起孩子就會學習「解讀」照顧者的表情，顯然，這是幼兒EQ發展的第一步；又如，長短、輕重、大小、粗

細、安全、危險……等等，由具體到抽象的各種訊息，可謂五花八門。這些發展與社會化逐步結合並相互影響，孩子就漸次適應並融入他的生活及文化之中。父母或照顧者也許無法也不必具備完全的知識來協助孩子每一個面向的發展，但是，警覺並理解到孩子在現階段各種發展的需要，很自然地就會跟上孩子發展的腳步，從中學習，甚至享受和孩子一起成長的樂趣。更細的階段特性會在本章後半段說明及討論。

這個階段的孩子在成長環境（人事時地物）中與環境互動的過程中，因為年紀尚小，缺少既有的參考經驗，加上有限的行為能力，因而自然的受到天性的強烈引導。他正在學習的過程中，因此，他需要很多的學習機會，他需要被指導，他有權利犯很多錯（如果他學習很多東西）。父母老師及照顧者，必須從心裡記得：孩子需要的是「教育」不是「教訓」，打罵絕不是有效教育。同時，在能夠教育、能夠指導孩子之前，難道我們不需先了解這階段孩子有什麼樣的特性嗎？「孩子的本質是寶礦不是空瓶」，順著孩子的天性，發掘這寶藏，要避免自以為是的「填滿空瓶子」的方式，確實是父母在這個階段必須要警惕的。

三、談談大腦與成長學習

大腦是人的指揮中樞，要探討教育不能對於大腦的知識一無所知。近年來透過先進的腦部造影儀器如正子斷層掃描

（PET）、功能性核磁共振（fMRI）等技術及大量的研究，大腦的神祕逐一被揭開。而腦神經科學知識的進展也牽動了教育研究的方向。蒙特梭利本身是醫學位出身，通曉幼兒心理學及教育心理學，她的教育理念及教學模式中充滿了這些知識背景，常常令初接觸其學理的人摸不著頭緒。她自許為一個科學家而開始發展她的幼兒教育模式，透過精實和長年系統性的觀察和研究，她參悟隱藏在孩子各種反應和行為後面的幼兒天性。當時的大腦相關知識當然和今日無法相比，因此當時並無法立即佐證她的論點。然而，蒙特梭利還是天才式的提出她的科學觀察。她的許多觀察在幾十年後的今日才逐步獲得確認。作者認為了解大腦的基本結構，有助於對蒙特梭利學習理論的了解。以下我們分別來概略認識一下神經元（neuron）和大腦基本結構。然後，我們會比較關注「前額葉」這個部分的功能特性和它在教育上可能的角色。

大腦與神經

首先，我們來看看大腦的基本架構[3]。大腦主要分成幾個區塊：頂葉、顳葉、枕葉、額葉。頂葉在頭頂部位，主要和運動、空間概念有關。顳葉在大腦兩側（偏左腦），語言區即在此。枕葉與視覺相關。額葉在前額是特別值得關注的區塊，因為它是大腦功能的總匯。許多抽象功能、高功能（例如，概念形成、計畫執行、創意、情緒掌握等等）的掌握協調都是在此發生。大腦終其一生不斷在改變，尤其在幼兒階段，並對環境非常敏感，大腦這種特性即是所謂的「可塑性

（plasticity）」。因此可以相信大腦與具體的人類教育自然是息息相關的。科學研究相信，在大腦演進的歷史上額葉是最晚出現的，這部分與人類晚近演化應最直接相關。此外，人的大腦有左右兩個半球，彼此密切聯結（透過胼胝體），又各有不同的功能，各有長短，也彼此互動、互補。基本上左腦偏理性、分析的、邏輯的、精確的、局部細節的。而右腦則偏整體、偏感覺、情緒的、可能偏藝術性的。講到這兒，可以發現左、右腦共同發展而且互相合作的必要了。一些視覺廣告的設計，採用圖像並且不用文字，吸引右腦的興趣而避免左腦的理性分析，就是利用大腦的特性。左右腦的相互協作甚至制衡，對我們的作為十分重要，而「左手打右手」在臨床上，也並非不可能。

接下來，我們看看神經元細胞（neuron）。科學家估計大腦約有一千億個神經元。神經元有細胞核（nucleus）、樹狀突（dendrite）、軸突（axon）、突觸（synapse）等不同部分。樹狀突像樹枝分义一樣用來接受傳入神經元的訊息，軸突則將訊息從細胞核往外傳送。突觸是軸突和樹狀突交接處的小間隙 。為了要讓訊號電流通過這小間隙，軸突要分泌化學物稱為神經傳導物質（neurotransmitter）。成長發展中的大腦，神經元彼此競相尋求聯結，每個神經元可以跟大約一萬個鄰居相連。可以想像，各式各樣連結形態的排列組合構成，幾乎是無限多的可能！做個簡單的算術，試想：當只有一個神經元時，它的連結數是零，兩個神經元時，連結數是1，三個

是3，四個是6，五個是10，以此類推，到一萬個時，這是如何龐大的連結數，而這只是一千億的極小部分而已。不同樣態的神經連結多得不可勝數，使得異乎常人的「天才」連結因此不時出現。這也使我們不得不聯想到，教育在形塑神經元連結上所能扮演的角色。然而，我們也必須注意到，如前所述，脆弱或不被經常或重覆使用的神經元聯結，將遭到大腦維修細胞（microglia cell）如除雜草般的修剪掉。修剪的目的則在強化那些常用的聯結，那些常用的聯結，甚至得以被蛋白質層包覆保護並增強其傳輸功能（myelinization，髓鞘化）。蒙特梭利幼兒教育關注到孩子「重複」操作有興趣的工作這現象，或可稱做「內化」（internalization）的進行，這或即是神經元聯結「髓鞘化」的外顯的呈現。

人類大腦自形成起，就渴求各式各樣的刺激訊號（stimuli），以激發神經元的連結，大量聯結才能形成大腦功能的進階發展。這所謂的刺激訊號，可以經由五官、手等接收，幼兒教育因此應特別強調感官教育和動手做的經驗。針對幼兒階段來說，值得注意的是，特定大腦皮質之神經聯結如果未能在生命的早期某些期間形成，這些神經迴路由於神經修剪（prune）的機制，可能永遠關閉，這些修剪掉的可能，包括幼兒原本具有的一些「天才」直覺技能。幼兒發展階段中，這些特別的期間被稱為「敏感期」（sensitive periods）、「機會之窗」。當這些機會之窗錯過後（蒙特梭利所說「錯過的巴士」），這些技能的學習即使並非不可能，也要花費更

多功夫。研究顯示幼兒一些發展有其時間性，提供環境刺激
（stimuli）必須即時。一個具體的例證是1989年前後蘇聯解
體，西方世界針對羅馬尼亞一家有數千名孤兒的收容機構所做
的實驗研究顯示，由於長期禁錮而缺乏合適的語言環境，有些
處於青少年階段的孩子，居然無法與人溝通，經過一些語言學
家的努力後，仍有極大比例的孩子不能理解到文法的結構。蒙
特梭利認為六歲以前都是語言（包括第二語言）敏感期，第6節
會有更詳細的說明。以上簡要的說明，再再證實大腦發展與教
育的密切關係。

大腦前額葉與教育

　　前額葉是大腦前緣最晚進化出現的部分。這個部分十
分特別，它被稱為「大腦總指揮」，因為科學家發現，前額
葉協調並且調動大腦各部位之運作。就像左腦掌控理性的
事務，右腦掌控新奇的事務，前額葉則具備「總裁功能」
（executive functions, E.F.）。推理、計劃、組織、溝通等
高階思考、抽象功能的發展及情緒控制等，它可說是「大腦的
指揮官」，它與人格發展密切相關。例如，當我們動怒時，
杏仁體（amygdala）啟動，但是究竟是微慍或是暴怒，則由
前額葉決定。說到「總裁功能」[4]，這是一個一語雙關的英
文詞。executive functions 中文翻譯的另一個意思是「執行
的功能」，將這兩個翻譯的意義放在一起，它給我們的感覺
就是「高層主管的能力」。確實，它代表的能力包括：創意
（creativity），彈性（flexibility），自制（self-control），

紀律（discipline）等等能力。談到幼兒教育，父母應該都希望
將來自己的孩子會具有「總裁功能」吧。如何做到呢？那就是
「發展前額葉」了。受教育的過程中如何發展它所具備的「總
裁功能」呢？我在第二章的幼兒發展藍圖將談到蒙特梭利模式
如何發展這些能力。

　　接下來，我們要談談蒙特梭利一輩子觀察孩子所體會及研
究的，關於孩子的一些重要特性，這些天性在孩子的成長發展
過程中非常值得善加運用。然而，不適當的成長環境，也可以
強壓這些天性，使其難以彰顯，而壓抑的後果，則常是孩子的
偏差行爲來源。

四、幼兒的基本特性——傾向

　　首先，我們要先談談「傾向」（tendency）。顧名思義，
「傾向」是一種不假思索的行事模式，在下意識就會被牽引
的，基本上也就是一種天生本性。接下來我們會逐一列出，並
說明人類具有的常見「傾向」。這些傾向在幼兒身上的呈現尤
其直接，因爲我們的主題是幼兒，我們就將焦點放在幼兒身
上。爲了便於論述推衍，讓我以下列觀點提出。人是動物的一
種，而動物最原始的第一本能是什麼？不外「求生」本能。許
多四肢動物例如牛、馬，生下後幾個小時就能站立，短時間裡
就能移動甚至奔跑，十分便於逃避掠食者（predator）的捕
獵。人自然的本能，也不外於求生。我們從這個觀點來看看求

生本能和人類的「傾向」如何勾連在一起。人類的祖先很早就發展出躲避甚至對抗掠食者的能力。今天的人類也許不再是以躲避掠食者為求生的第一要素，但是，這並不表示人類的求生本能消失了，我認為它只是換了一種形式。簡單地說，就是「尋求安全」，獲取「安全感」。而感到安全積極的第一步就是「掌握環境」，甚至進一步「改變環境」，改變成有利自己的、感到安全的環境。而對一個幼兒來說，一個被他感到安全的環境，毋寧是其中的事物是「可預測」、「可重複」的。對於現代人來說，人的本能舉止，或者說行為傾向，基本上就是為「掌握環境」獲致「安全感」。下列是幼兒「傾向」的論述，我們就循這邏輯來推衍。

動

「動」是人的傾向，畢竟人類原本就是「動物」，而「動」的原始動機更與求生本能息息相關。孩子的好動是天生的，更是他成長和學習的一個重要管道。孩子透過「動」來發展他的肌肉、動作、協調，而這背後更涉及到大腦的發展。「動作發展」是幼兒階段的最主要發展之一。不同於許多其他哺乳類動物，人類的嬰兒需要花上近一整年的時間才能站起來。這一年當中，大腦究竟發生了什麼？簡單的這麼想就是，大腦在這段時間內忙著為人的站立及其他動作發展進行神經的連線布局（參考第三節〈大腦架構及神經元〉）。幼兒一旦能用雙足站立起來，他就騰出兩隻手。這雙手將協助他「求生」，他將用它來掌握環境、學習、工作。需知，動作的精

細、精巧的神經細部連線，都是有賴後天的練習來達成，而非先天生就。所以，容許孩子「動手動腳」不但是必要的，而且父母、成人應該去營造一個合適的情境，讓孩子有機會動手動腳去練習。但是，在我們的社會，孩子的「動手動腳」常是被視為負面的。孩子被剝奪「動手動腳」的機會，一是被禁止，一是被照顧、服侍過度。不論何者，對孩子的發展都是不利的。幼兒「動」的傾向，父母們一定不陌生，想想孩子動手動腳的情景多麼普遍，問題是如何回應孩子動手動腳的需要。記得，「動」是求生本能，動物覓食以餵養自己或後代、躲避掠食，都要「動」。孩子的「動手動腳」，既然是一種本能，我們應該去滿足他，甚至透過準備好的環境，去訓練他發展，而不是一昧禁止。不幸的是，父母們對於孩子的動手動腳，心中想的是恐怕孩子會破壞這破壞那，或是發生什麼危險，甚至只是自己想省事，偷懶的想法。因此，父母的反應常是禁止孩子動，而要孩子「乖乖的」。父母的擔心固然不是全無道理，但是，正如前述，如果我們將環境「準備好」，容許孩子在「準備好」的環境中動手動腳，那麼孩子的大小肌肉發展，四肢、手腦協調都能充分獲得機會，逐漸形成手腳靈巧的孩子。因此我們應思考，在幼兒階段的正確作法是：為孩子準備一個合適、安全而且鼓勵動手的環境。

探索

　　一個學步兒走路當中突然蹲了下來，聚精會神地望著牆角。原來，有一隻螞蟻正扛著比自己體積更大的食物，跌跌撞

撞地循著牆角移動。孩子目不轉睛地看著，好幾分鐘，直到螞蟻鑽進了地洞，孩子站了起來，若無其事繼續他的「遊蕩學習」。熟悉這場景嗎？這當中，孩子的腦袋裡發生了些什麼？當孩子遭遇一個探索的機會時，你是如何回應？你跟著停下腳步，耐心地陪他看發生了什麼？或者，你覺得時間急迫，被孩子耽擱了，趕快趕路？探索是幼兒另一個明顯的傾向，也是想掌握環境的第一步。不論是在家中、在幼兒園、在野外，孩子對他周圍的情境都充滿了好奇，並且急於探索。在他不熟悉的地方，經過稍事觀察後，他會試著探索任何他未曾經歷過的事物。而在他已經熟悉的地方，他則對任何新增或改變的事物極為敏感，而且會試著一探究竟。這就是孩子也是人類的傾向，探索之原始動機，也不難理解其與求生本能的關聯——掌握環境，進而提升安全感。面對這種傾向，成人的回應是什麼呢？是忽略甚至禁止呢？還是滿足他，甚或進一步協助並引導孩子去探索，以了解和學習事物之理呢？一般我們最常見到的是，成人忽略孩子探索的本能，只因為「不了解」孩子的天性，或者是簡單的「沒時間」！成人必須記得「探索」是孩子的本能，「探索」使得孩子具有「自學」的驅動能力，並大大強化他的學習動機。探索是孩子絕佳的成長發展機會。

工作

一般人的想法中通常認為幼兒哪裡懂得「工作」，更何況現在的孩子嬌貴也不需要他們「工作」。蒙特梭利在她的著作中，花了相當的篇幅來說明「工作」對孩子的意義，還有它

的重要性。簡要的說，「工作」對幼兒來說就是「自己動手」——孩子找到一個他「有興趣」的事，然後可以自己親自用手去做去摸，這就是「工作」。一個有趣的工作對孩子來說就是「遊戲」，在這「遊戲」當中，他學到新的事物。如果父母可以協助孩子，安排他「有興趣」而且有意義的工作，孩子的精力有了去處，同時又能學習，這不是很棒的事嗎？實際上，孩子天性傾向中的「動」、「探索」、「工作」都是相關聯的。孩子一旦進入「工作」狀態（圖四成長藍圖），他就可能出現「重複」、「專注」的現象，而且他會追求工作的「完美」。這些現象的背後則有更深的，有關孩子成長發展的心理意涵在其中。這些現象在蒙特梭利的教室中是隨時可以觀察得到的。「重複」是指孩子會不斷的作同樣的步驟，直到能熟練的完成工作。而這重複的過程中，孩子臉上呈現的表情是十分的專注祥和的。正因如此，蒙特梭利相信這才是孩子的真正「天性」，而不是混亂胡鬧。在「成長藍圖」中，我們更看到，孩子透過這樣一而再，再而三的工作循環，建構了自己「自信」、「獨立」、甚至「創意」等等優秀的人格特質。這不是天方夜譚，這樣的孩子在正確教育模式下的幼兒園中比比皆是。因此，我建議年輕的父母，在家中給孩子建立一個可以讓他「自己動手」的「準備好的環境」，就地取材，不需要特別去買教具，只需要符合孩子年紀的難度的工作，並誘發他上手，動手「工作」。

「媽咪妳在做什麼？」

「媽媽在切菜。」

「我也要切菜。」

媽媽於是在旁邊的小矮桌上放了一塊豆腐、一小把嫩青菜和不危險的小刀，一起「煮飯」。

晚餐時，媽媽不忘告訴爸爸：「這盤菜是弟弟幫我一起做的」。

這場景如何在孩子幼小的心靈中種下「自我價值」感（self-esteem），如何因此獲得學習處理工作的細節、動作的協調和發展、同理大人工作的辛勞……等等，臚列不盡。更重要的是，孩子的天性得到發展得到滿足，安全感（對環境）、信賴感（對父母）充塞在這情境之中。我們會發現，孩子天性得到滿足的頻率越高，他遵從父母指導的頻率也越高，「不乖」的機會越小。

孩子的成長藍圖

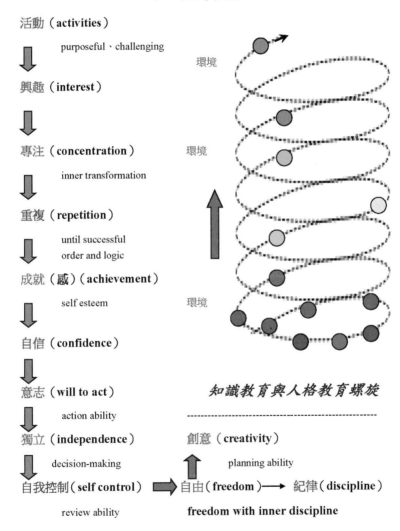

活動（activities）
purposeful、challenging

興趣（interest）

專注（concentration）
inner transformation

重複（repetition）
until successful
order and logic

成就（感）（achievement）
self esteem

自信（confidence）

意志（will to act）
action ability

獨立（independence）
decision-making

自我控制（self control）
review ability

環境

知識教育與人格教育螺旋

創意（creativity）
planning ability

自由（freedom）──→ 紀律（discipline）
freedom with inner discipline

在知識活動中發展人格，再引發其他知識活動並更深化人格

發展，形成知識與人格交互發展之螺旋

圖四

次序

　　中國文化中相信「天地有序」，又有「天性之謂道」。宇宙間所有自然事物都是有序有道的。蒙特梭利一輩子對孩子的觀察中，也看到孩子的天性傾向是愛次序的。我們在前言中說到，傾向是孩子求生本能的一種表徵，於是「次序」也是一種安全感的來源。事物的次序，代表的是一種邏輯，情境的次序，代表的是一種可預測可重複的穩定性。對孩子來說這不都是「安全感」嗎？既是天性、安全感，我們在孩子的成長發展過程中，我們應該尊重孩子對「次序」的需求，也要為他營造有次序的環境。事實上，幼兒在大約三歲半前有所謂的「次序敏感期」。這段期間孩子會「頑固的」要求一些固定的做事方法。例如，他會堅持飯桌的某個座位是他的，不能換。他會堅持先按鈴再開門的順序。他會堅持圓的茶几上不能擺方的桌巾等等等。搬家、換教室，甚至放學時突然換人來接而不是媽媽來接，孩子都可能生氣、不開心。我舉的例子都是我們親身所見，不一而足的。他的堅持有時惹得我們生氣，但如果我們了解，這是這個年紀孩子的天性，我們不但不會生氣，而且會順勢利用孩子這個特性，例如，讓他養成一些固定的好習慣。也就是這年紀，孩子是「有所為，有所不為」的，我們以為是「固執」。幼兒階段孩子需要一個規律的作息，一個有序的實體環境，還有一個穩定、溫和、可靠，有規則可循的情緒環境。這些都是安全感，也是種「求生本能」。有序的成長環境，正面影響孩子的邏輯發展能力。

獨立

和我們的直覺相反的，孩子有「獨立」的傾向，相信很多父母都注意到了。他喜歡自己動手，他不要你幫他。一件工作，孩子能夠自己掌握，對孩子來說是一種天性的渴望。這裡還是要提醒，所謂的「傾向」是一種本能，是想要掌握環境的本能。孩子想要自己掌握環境也就是孩子想要獨立，如果別人為他動手，那就不是他自己掌握環境，這不利於他的安全感。所以當孩子想「獨立」時，父母的反應應該是視孩子的能力所及去支持他，讓他自己來。孩子的成長發展，（他能力所及的）「獨立」是他最終需要得到的。「獨立」和蒙特梭利教室內所強調的「心智自由」息息相關，一個心智上無法獨立的孩子，自然是不可能感到自由的，而這「心智自由」卻是孩子探索學習甚至發展創意所不可或缺的基本要素。所謂心智的自由卻不是失序的行動自由。「自由」與「紀律」是一體的兩面，我們在第五章將會再闡述。「獨立」和孩子的另一種人格特質「自信」也是直接相關的（圖四）。沒有自信的孩子，是不可能心智獨立的，「獨立」的孩子，必然對自己是有自信的。這些自信則是來自於「親手累積」的成功經驗，成功經驗就是幼兒成長藍圖上的不斷循環歷程。因此，「獨立」不只是孩子的一種天性傾向，而且可以透過執行正確的發展藍圖來鞏固深化它。

創意

孩子天生有創意的傾向，這正反應著孩子大量吸收、大量

組合訊息的特性。我們無妨用欣賞的態度來面對孩子這階段的創意。不過，也應了解，若是談到長期的創意能力，它是需要培養出來的。何謂「創意」，是可加以定義的[5]。蒙特梭利則說創意是來自「堅實的知識基礎」，而堅實的知識和成長藍圖（圖四）上的專注、耐心、自信、責任、獨立等系列相關聯，創意則是其綜合成果。創意要「發展」出來，需要對的環境。第五章第三節談孩子人格特質時我們會再談到。「創意」和下述的「想像」也關聯密切。

群居

　　人類是群居的動物，「群居」是天生的傾向。因為「群居」，就有了「社會化」（簡稱人際關係）的需要。「社會化」促使孩子學習「自我」和「人我」的關係。孩子幼小時，除了家人沒有太多同儕相處的經驗。我們可以說真正進入「社會化」過程，是打從上幼兒園的第一天開始，隨著年齡增長，同儕的重要性也就隨之增長。因為「群居」，人際互動的學習，就成為成長過程中必須具備的，人際互動的基本規則規範、自制、守規則就應運而生。蒙特梭利教室內的所謂「教室常規」，正是順應此團體生活而產生，並做為孩子上學後首先學習的一環。對初入學的孩子來說，適應期中「安全感」（依附關係）的重新建立是首要之務。其本質就是建立可預測、可重複的規則規範，前面所說的「次序」需求的天性，在這裡又再次出現。而規則規範下的孩子，其「自制」能力就成了重要的課題（參考第五章第二節〈自制——延遲滿足的能力〉）。

目前已有權威的研究結論指出，兒童階段的自制（delay of gratification）能力與其未來之社會地位及成就有必然的關聯[6]，容我第五章再述。了解孩子這種「群居」天性，以及需要同儕的特性，我們才會有意識性的去鼓勵、協助孩子從小建立友伴關係，學習如何處理人際互動所需的同理心及技巧等等。簡言之，幼兒階段因為這種「群居」的傾向，我們正可善用這傾向來培育孩子建立良好的人際互動能力，或者即通稱的EQ能力。

溝通

　　溝通是群居生活的必然需求，也是人類的傾向之一。人類從出生開始就有各種溝通方式，嬰幼兒的哭笑、成人的手勢、語言、文字都是我們所熟悉的方式。孩子透過模仿學習到各種或好或壞的溝通方式，因此，在孩子眼前，成人有必要注意到自身與他人的溝通方式，孩子常在潛移默化之下習得他的溝通方式。親子之間的溝通方法，更是重中之重。如果自幼孩子與親人間的溝通是柔和理性的，他的氣質也將呈現沉穩理性，反之亦然。幼兒的語言溝通傾向，使得我們可以善加利用來協助他做語言學習。只要我們運用合適的方式，說、聽、讀、寫的相關練習都能引起孩子的興趣。居家照顧孩子，我們常困擾孩子的精力旺盛，不知該給孩子做些什麼，語言的工作，不失為一個好的選擇。

想像

　　人類可能是動物界中唯一具有想像能力的物種。人類可以自過去的經驗及已有的知識，在腦海中綜合成未來才將可能（或不可能）發生的事或物。因為孩子都具有這種傾向，所以玩具才好玩，故事才好聽。但是有意義的想像力，應該出自紮實的基礎衍生，不是雜亂無章的幻想、妄念。因此，蒙特梭利主張幼兒教育應自感官出發，即是自實體出發，再漸次由實而虛，由具體而抽象化，建立好基礎。當然，成長過程中，孩子的想像偶而也可能成為一種困擾，例如，一些不實陳述。這時，成人應從當下的情況判斷並適當引導。孩子的「想像」能力是一種正面的天性，如果它建立於紮實的發想基礎，並且得到適當的引導的話。

　　上面所說的各種傾向都是孩子的天性，做為父母或老師，值得好好體會、觀察並進而應用在陪伴孩子的成長學習中，順性而為，可以事半功倍。例如，孩子有獨立、工作的傾向，因此，引導他找到一個適齡、有興趣的工作，示範之後就放手讓他親自做，在試誤中充分體驗，直到他滿足為止。孩子對於有興趣的工作通常會用去相當時間、不只一次，過程中還會出現重複、專注等現象。而這些現象正標示著孩子進入學習發展的軌道（圖四），這是非常值得珍惜的情況，不應打斷。父母常以為能讓孩子專心的工作，會需要大張旗鼓地去張羅。其實，很多的工作就出現在日常生活的工作之中。例如，孩子的自理，穿衣、穿鞋、刷牙、洗手甚至吃飯、幫忙父母。這就是蒙

特梭利主張的孩子有「自學能力」。需要思考的是，「傾向」所自然呈現的行為不必然是正面的，他需要被引導到正面去。例如，孩子的「動」和「探索」是傾向，但孩子可能呈現的是躁動甚至破壞，所以引導或「準備的環境」是必須的條件，也是成人的責任所在。我們常見的進退失據的情況是，孩子要動手，我們制止他，反之，我們在沒有準備、指引的情況下，隨他弄，他犯了錯惹了事，我們處罰他，挫折了他的自我價值感，而且最終他也沒學到如何正確完成他的工作。合適的程序是：工作前適當的示範，接下來的工作時，也容許他犯錯，工作完成後，他需要收拾歸位善後，並鼓勵他的努力（也不需要過度的稱讚，容後再述）。

　　父母成人的職責中，了解孩子的「傾向」天性是非常實際有用的。因為多了對孩子的了解，我們便更清楚如何借助「環境」之力，尤其是「準備的環境」去增強孩子的成長發展。望子女成龍鳳，是所有父母的願望，但我們也常見父母錯用精力，斷章取義孩子的行為甚至鑽牛角尖，花了很多功夫卻弄錯方向，其重要原因即在不了解孩子的階段天性，因而事倍功半，甚至適得其反，殊為可惜。

　　進入二十一世紀二〇年代，隨著網路世界（cyberspace）的科技發展，大數據（big data）、人工智慧（AI）、虛擬實境（VR）、擴增實境（AR）、機器人（robot）等等的出現，聯網從高速的5G往更高速的6G前進，元宇宙（metaverse）的

概念開始出現。虛擬世界令人眼花撩亂。在前面有關大腦的章節，我們知道人類的手和大腦的高度連結，我們也知道其他的感官和大腦發展的關係。這些科技進展會不會影響甚或改變人的成長發展過程，這會是人類學、社會學等等領域的重要研究議題，有待觀察。然而，如本章所述，「傾向」，既是人的天性，當虛擬世界成了我們的現實世界（reality），這些人類傾向中例如「動」、「工作」、「群居」、「溝通」等等，會不會因為虛擬世界中的「穴居」、「一指搞定」而弱化、扭曲甚至逐漸喪失？如果因此而失去了做為人類的一些天生傾向及本質，人類將幻化為何物？實在值得關心孩子教育和發展的父母師長關注和警覺。

五、幼兒的基本特性──吸收心智

吸收心智（absorbent mind）是另一個幼兒重要的特性。吸收心智是指幼兒階段的心智是吸收模仿能力很強大的一種心智。這年紀的孩子對於週遭的刺激、訊號的接收，可說是五官全開、鉅細靡遺地吸收。吸收心智的特性是：

▲不選擇（如乾海綿吸水），因此也不分好壞（例如說髒話），因此，所處的環境很重要。

▲所有細節完整吸收（如照相般）。

▲吸收輕易毫不費力。

▲鑄於內心，甚至可能進入潛意識而形成個性之一部分。

▲0到6歲是最強烈階段。

　　幼兒吸收心智的天性，仍可歸因於人類的「求生本能」。怎麼說呢？我在前面段落曾論述到，人類「求生本能」在現代的意義已衍生為「追尋安全感」、「掌握環境」。「吸收心智」將周遭的訊息鉅細靡遺的吸收，無疑是掌握環境的重要第一步。也因此說「吸收心智」是孩子的本能天性毫不為過。

　　我們不難看到或聽到兩三歲的孩子會背〈三字經〉、〈弟子規〉、甚至「九九乘法表」等等，這些都是吸收心智的結果，你家的幼兒一樣可以做到。例如說，只要每天在孩子睡前用錄音帶放上幾遍，幾天之後就成了。當然，會背「九九乘法表」，並不表示孩子數學能力強，數學心智是另一回事，第二章談幼兒數學時再述。

　　幼兒「吸收心智」還可以分兩個階段，就是0-3歲左右的無意識吸收和3-6歲的有意識吸收。無意識吸收是指孩子不帶意志的吸收，而有意識吸收就是有選擇性或有意志性的吸收了。孩子逐日成長，在心中也逐日累積了知識庫和「自我」，很自然的，逐漸就會有選擇性、有好惡的吸收。吸收心智不間斷地作用，很多情形下，似乎孩子看來沒什麼不同，事實上，因為「吸收心智」，內在是持續在變化的，雖不一定立即見到成果，卻可能突然間呈現。例如：嬰兒數個月大卽開始吸收說話的動作技巧（不是成人的教導），但直到兩歲左右幼兒才能突然說出一串完整精確的句子。這也許和大腦的語言區發展時程先後有關。掌管語言接收的布羅卡區（Broca）和掌管表達的威

尼基區（Wernicke）在大腦中的位置是不同的，發展的時間也
有先後之別，先接收後表達。另外，孩子也常表現出精確的模
仿成人（老師、阿公……）動作的能力，這些都是吸收心智的
呈現。

　　孩子會吸收些什麼呢？這當然是無所不包，以接下來所
討論的兩個面向做為例子，它們都與孩子成長發展十分具體相
關。以這兩個面向來看看吸收心智的特性及其運用，以及它們
如何協助孩子的成長發展。

語言吸收

　　在幼兒的特性中，有不少是關於語言發展的，包括了「傾
向」中的「溝通」、「吸收心智」以及「語言敏感期」等等，
由此可見幼兒階段正是語言發展的黃金時期。幼兒對於語言的
吸收從出生即持續進行中，但對於語言的理解，需要伴同認知
的逐步發展。仔細觀察幼兒在認真聆聽他人的說話時，可以發
現他幾乎是「五官全開」地在吸收。他甚至會觀察到嘴唇、舌
頭的動作，不同於成人的只單用耳朵接收。研究人員指出青少
年期之前的語言學習，使得孩子連腔調都能把握到，之後隨著
年紀增長，語言的學習能力逐步弱化。相對的，幼兒的語言吸
收能力則甚至到過耳不忘。

　　從教育發展的角度來看，自然會希望孩子能因此大量而準
確的學習。因此，孩子的「語言環境」就成了成人關注的焦點

了。語言方面，孩子的主要照顧者的任務是：「營造良好語言學習環境。」例如，為孩子念故事、教他唱歌、清楚說話（不用兒語、疊字）、鼓勵交談（耐心聽他說完、不須直接糾正錯誤）、豐富的語言環境……等等。如果孩子的環境中，很自然的有第二語言、第三或更多語言，我們可以樂觀其成地協助他的外語學習。歐洲國家相互緊鄰，許多孩子自幼即接觸多種語言，沒有所謂過荷的語言學習問題，這也是吸收心智的特性。附帶一提的是，我們也應注意到適齡的情境，避免所謂的「超齡對話」，這涉及語言與孩子認知間的差距（我們有過一個案例是，五歲的小女孩連續多天要和媽媽討論「自殺」。很明顯的，我認為孩子只是希望引起惶恐媽媽的關注。）

動作、社會行為的模仿吸收

在群體中模仿吃、喝、穿……文化的浸入，吸收心智事實上是協助幼兒成功地適應及進入所在的環境及文化。家庭是幼兒最明顯的人際互動模式吸收模仿的場域，因此，家庭中每一個成員都是孩子學習的對象，而主要照顧者之影響尤大，因此許多專家認為6歲時孩子已大致建立其個人特質（個性）。在蒙特梭利教學模式中，大量的運用孩子吸收心智的特性來強化學習。例如，引入教具時的靜默示範操作（讓孩子能專心的看），容許孩子「遊蕩」學習（走動觀察學習，intellectual walk），而混齡學習（同儕間互學）被證實是最有效的學習[7]。這些都是運用孩子吸收心智的具體作法。此外，成人（父母、老師）應傳遞優雅動作儀態，因為幼兒將模仿周遭成人的

社會行為模式，例如打招呼、應對方式……等等。這正是何以在幼兒園中老師的儀態很重要。成人做為孩子的教養者（老師、父母、長輩），「以身作則」是何等重要的幼教法則！孩子稍長後，若考慮進一步擴大孩子社會化的學習，成人可讓幼兒適當參與一些正式的社交場合，穿著合宜，應對進退的觀察學習，對孩子都是有幫助的。

幼兒吸收性的心智，是天賦的本能，但若其所處的環境未曾準備妥當，這樣的天賦很自然地就被浪費甚至誤用了。而且科學家也發現許多能力是會隨著孩子年齡成長而漸漸弱化或消失（例如語言學習），也就是「機會之窗」會漸漸關上。因此，在孩子還在啟動的黃金階段，透過營造「準備的環境」，我們可以善用孩子吸收心智的特性，如下：

1. 有**秩序**、**邏輯**的實體環境。環境傳達有啟發、有目的訊息（例如蒙特梭利教室中教具由簡而難的安排順序、家中擺設的條理等等）。

2. 幼兒需要**真實的環境**，避免幻境。對於年紀愈小的孩子愈是如此。幼兒的認知始自實體（來自感官接收訊號）感受，有了基礎再逐漸抽象化（認知發展）。因此應該慎選卡通、影片、故事、甚至3C產品的引入時點……等等都要考慮。值得說明的是，虛幻和想像力是不全然相同的，我們希望孩子有想像力，但不希望孩子在虛幻的

情境下長大。例如，如果孩子沒有重力（地心引力）的體驗，他可能相信卡通片裡高處跳下沒事呢。想像力需要有適當的認知基礎。

3. 提供孩子豐富多樣化的經歷，激發各種感官的作用。可自由活動、觸摸的空間、安全的空間等等都是有準備的環境的要素。

4. 玩具及教具應亮麗引人（感官上的吸引力）、可把玩（觸覺），才能誘導幼兒進入並專注學習。

5. 穩定的情緒環境。除了實體環境的準備外，非實體的情緒環境，其重要性甚至更高。情緒掌控對孩子也是一種吸收學習，EQ發展在大腦前額葉的高功能上呈現。孩子的環境應該提供耐心與秩序的氛圍，使幼兒產生安全感。不足的安全感會阻礙孩子吸收學習的能力。

6. 把握身教和家庭價值觀對孩子的影響。由於孩子強大的吸收心智，孩子環境中的成人（尤其是家人、老師）的一言一行，甚至他們所代表的價值標準，都會被孩子自然吸收。身教，誠然是家庭教育的重要一環。成人不能期望只以口頭言語，就盼著孩子學習到該學的。如果希望孩子誠實，我們自己也要誠實，我們希望孩子有耐心，我們自己也要有耐心……。孩子天生的吸收心智，

使得孩子行為很自然地呈現他所處的環境特性，孩子同樣的也會反應出他的環境中的缺失。

綜合而言，正因為幼兒超強吸收心智（AM）的特性，準備環境（prepared environment，教室或家中）更顯其重要性。長期而言，不同的幼兒園的情境，的確可能培養不同特質的幼兒，同樣，不同的家庭情境也培養不同特質的幼兒。

六、幼兒的基本特性——敏感期

首先，什麼是「敏感期」？蒙特梭利觀察到幼兒階段的另一個特性，這種特性使得孩子在某一特定期間學習某些特定知識或對某些事物的「認知」能力，特別強烈。這就是所謂的「敏感期」。

蒙特梭利在陳述這一特性時，認為這是一種生物的「法則」（laws），這意味著它是普世的，在每一個孩子身上都有。她引用荷蘭生物學家Hugo de Vries觀察剛孵化的幼毛蟲「向陽性」的現象。Hugo發現幼蟲向陽的原因是幼蟲食嫩葉，而嫩葉長在樹枝尖端，對沒有眼睛的幼蟲而言，亮的地方代表有嫩葉，幼蟲這種向光敏感是一種天性，甚至不需學習即具備。蒙特梭利因此將幼兒「敏感期」的特質解釋為「幼兒在某一個特定的時間裡得到特定知識或技巧會顯得特別容易」、「……基本上是，一種無法抗拒的獲得衝動（irresistible impulse），而且這種衝動是針對環境中一些特定的因素才有。」值得提醒的是，「敏感期」不僅是理論，而是蒙特梭利畢生觀察及驗證所得的實務經驗。

前章討論到「傾向」是廣義的求生本能，我們也可以將「敏感期」視為一種求生的本能，因為從接下來的討論我們會看到在這些「敏感期」中，孩子可以獲得的技能或知識對於孩子適應其生存環境、生活有莫大的益處。「敏感期」的特性包括：

普遍性（universal），意味著這種幼兒特性是不分種族地域的普遍性特性。近年來隨著國際化的進展，國內的幼兒園中不難看到外籍（尤指文化跨距大的）園童，這提供專業教師很好的觀察機會。

敏感期是一種明確、明顯而有建設性的發展過程，亦即這種特性對於這個階段孩子的成長發展的協助功能是明確的，假設孩子缺少了這些敏感期，他的發展是會拖延甚至遲緩的。例如語言敏感期，一般相信過了敏感期階段，學習各種語言都是成效較弱的。

敏感期的發展模式起自內部醞釀生成，可以想見的，例如，先是大腦神經連結的進行，而後再外顯呈現。也因這種特性使得敏感期的定性分析不易，猶如「黑箱」中作業，只能自其外顯之現象及成果來判斷。

　　欲成就藉由敏感期的有利發展，環境中必須有配合的因素存在。舉例而言，當孩子處於語言敏感期中，如果希望孩子更有效習得語言，環境之中就應該有豐富的語言相關條件。比如說，更多的語言對話機會、說故事、童書、影音設備⋯⋯等等。這種有利的語言環境，就可以稱作語言「準備的環境」（prepared environment）。

　　當我們注意到孩子的「敏感期」特性時，別忘了前面討論的另一個重要天性「吸收心智」。我們不難理解「吸收心智」和「敏感期」這兩種天性的相輔相成，當孩子處於語言敏感期，而孩子吸收心智又正強烈時，孩子幾乎能「過耳不忘」，聽個幾次就可以背〈弟子規〉、〈三字經〉、唐詩⋯⋯等等就不難想像了。敏感期中的學習另一個特性是，學習完全不累的，孩子有用不盡的精力。一個形容是「燃燒的蠟燭卻不消耗蠟油」。孩子既然有這個本事，環境能不能配合，就是一個重點了。我們曾面對一臉疑惑的年輕父母說：「沒看到孩子有這種特性。」我們可以反過來說：「是不是我們沒有提供孩子準備的環境？」就好像我們希望孩子能練習專心，我們卻常不經意、隨意地打斷孩子正在專注的情境？

　　學齡前孩子，不難觀察到下面幾種敏感期（表二）。這些敏感期的精確期間不必太在意，只需知道大約是這階段即可。

表二.敏感期

語言敏感期	2-5.5歲
書寫敏感	3.5-4.5歲
閱讀敏感	4.5-5.5歲
次序敏感期	1-3歲
感官細化敏感期	1-3歲
社會行為敏感期	2.5-5歲
動作協調、肌肉發展敏感期	1.5-4歲

　　首先，「語言敏感期」無疑是我們最容易注意到的。一個孩子從出生到六歲左右，對於語言的吸收能力是十分強大的，除了母語之外，他可以不太費力的同時接收其他語言，甚至不需正式學習。當然這種吸收的必要條件是「環境」。我們接觸過不只一個例子，父母皆是歐美籍人士，不諳國語，孩子初到園時沒有任何共同語言，短短三數個月時間孩子卻已能與老師溝通外，甚至試著為父母翻譯。當然，這背後的機制，還涉及前面我們討論過的「吸收心智」、溝通「傾向」甚至「求生本能」等等。但是，無疑的「語言敏感期」使得孩子得以快速、輕易的獲得足夠的語言能力來與老師溝通。想像如果我們將這孩子替換成一位四十歲的成人，我們可能在數個月中達致一樣的結果嗎？

　　語言包括「聽、說、寫、讀」，如果細分的話，其發展過程也有一些順序，明顯的寫與讀是稍晚的。「寫」的學習涉及動作發展中的大小肌肉發展，因此，一個漸進的練習過程是必須的。例如，在蒙特梭利教室中，孩子從「砂字板」觸感練習開始，到線條練習的「金屬嵌圖板」，到紙上摹寫，是在相當一段的時間裡，一步步地進行練習。從較大肌肉的提臂膀的動作，到腕力到五指、三指、二指的小肌肉練習，這期間可以橫跨兩年，甚至更長的練習發展過程。「讀」的學習也需要經歷符號學習、聲音的結合、拼音組合、字（字母）的結合成詞，合詞成句等等階段。簡言之，它是一個過程，這過程中孩子藉由天性中的「敏感期」易化、加速他獲取語言「寫、讀」的能力。

　　就實務上來說，在孩子語言「敏感期」之中，成人可以注意一些技巧。例如，與幼兒對話時，清楚、緩慢、平靜，用精確字眼，避免嬰兒用語（baby talk）例如疊字，並且耐心聽完孩子的話。孩子的問題，應給完整但適齡的答案。孩子的用字遣詞若不正確，應技巧地引導，盡量避免正面糾正（減少學習挫折）。例如，孩子用錯字詞，我們可以重複他的句子但是用正確的字詞，而不需點明直批他錯了。此外，對於幼兒應多安排時間說故事、一起看書、唱歌等，並且鼓勵孩子的團體生活及社交互動。這一切，事實上可以說就是，「讓孩子處在一個準備好而且豐富的語言環境中」。

「次序敏感期」是幼兒階段比較特別的一種敏感期，因為，成人若不了解這特性，會覺得孩子「很固執」而感到不悅。這敏感期之中，幼兒對於事、物的位置、先後、順序等等，一旦「認定」之後會十分堅持。說個例子，有一位孩子，每天上學到了園門口都要自己按門鈴，然後等著老師為他開門。有一天，也許是母親比較趕時間，沒等孩子按門鈴，母親先按下了，孩子一愣，接著開始鬧彆扭，老師開了門他也不願進去，母親認為他胡鬧不講理，開始責備孩子，孩子卻拗得更嚴重。這位受過訓練的老師，在母親耳邊說了一句話，就先進到園門內，並將門關上。提示孩子可以按門鈴了，並等待孩子按下門鈴，老師如平日一樣打開門。接下來，就一切如常了。之後，老師向母親解說了這階段孩子的「次序敏感」特性。這就是典型的「次序敏感期」的例子。它呈現的現象很多樣，如果我們了解這特性就不難處理。下次當家裡有客人來吃飯時，不要隨意更動孩子平常吃飯時的座位，真有必要更動時，應先和孩子溝通好。通常孩子這種次序上的需要，是無傷大雅的，成人大可順其意。再不濟，這階段過了，孩子就不再那麼敏感了，沒有所謂「強迫症」問題的。倒是，經常擰其意，可能會讓幼兒有安全感及邏輯發展上的顧慮。說到這，我倒是想提出一些個人的見解來說明。我認為，對一個幼兒而言，他仍處在一個努力適應及學習大人環境的過程中，這階段他很需要一些不變、可預測的參考狀態，這些可預測的已知狀態讓他感到安全。因為，事物可預知的次序，是孩子心中的一個參考點，也可說是孩子安全感的一種來源。反之，變動未知的下一步，會

讓孩子感到不安，別忘了，我們討論的是2、3歲的幼兒的需求，不是大孩子更不是成人。我們前面討論人類「傾向」時曾提到，人類基因中「求生本能」是一最根本的天性，孩子需要感到安全，這是根本的。所以，關於孩子的「次序敏感」，在這裡我還是要再提醒年輕的父母，家中如果有幼兒，請注意：1.容許孩子某種堅持；2.維持一個有次序的環境、平穩的情緒情境；3.保持孩子生活規律及穩定性；4.管教方式上父母間盡可能一致，而且，前後也要一致。

　　「動作協調、肌肉發展敏感期」，動作發展是幼兒階段最重要的發展之一。幼兒大約在12個月左右開始站立，接下來就是走路、跑步。這時的孩子有一個意識上很大的轉變，這包括他的兩手可以騰出來做「其他事」。還有，走、跑能到達的「領土範圍」擴大了，也就是可以大展手腳的時候開始了。這使得孩子的肌肉發展、大腦在動作間的協調上，需要大幅的提升，而進入一個新的層次。因此在天性上，孩子勢必會「動手動腳」。一張依據大腦與五官四肢神經連結密度強弱比例展現的人形圖，意即若某部位與大腦神經連結越強，則該部位放大比例越高，如此繪製而成的人形圖，若與正常的人形圖相較，我們看到它呈現的是，一個手掌奇大，而其他部位大致正常的「扭曲小人」。這圖表示，人的手與大腦是十分密緻相連結的，因此顯得碩大無比。這階段的孩子，將會大量運用自己的手、腳，擴大探索、增進知識的廣度、深度和精密度。這個階段的孩子，正處於「動作發展敏感期」，十分好動（再次提

醒，這是階段特性，不是頑皮）。他非常需要一個了解他的需求，而且「準備的」、對的環境，在這個環境中，孩子可以安全的、自在的、有目的、有引導性的「動手動腳」。一個有趣的觀察發現，介於一歲半到兩歲多的幼兒，喜歡用他的小身體、小手去拿，不，應該說是去拖動，一個顯然與他的身形大小不太成比例的重物，例如，廚房裡的大炒菜鍋或顯得太大的椅子，而他卻樂此不疲。這階段最常見到的成人誤解是，認為孩子「要乖、不要亂摸、不要動手動腳」，顯然，這反而是違反孩子階段本性的。另一個誤解也不少見，那就是「孩子需要探索，本來就是動手動腳，打壞東西沒有關係」。這個誤解，問題出在後半句，即孩子少了「有目地的被引導」，也就是說環境並「沒有準備好」。例如，肌肉發展，在一個蒙特梭利環境裡，一個幼兒將被引導，從較大肌肉動作的「提臂膀」（例如倒水工作），到小肌肉動作的五指（開瓶蓋）、三指（轉瓶蓋）、到兩指（縫工）的逐步練習。這些工作是一步步到位的，由較大肌肉到小肌肉漸進練習。透過「準備的環境」，孩子的親自動手，既有大方向的引導規劃，又有各種工作的自由選擇。它是「動靜自如」、「聰明的動」，而不是「躁動」、「過動」。這種發展再度呈現成長過程中是「自由」與「紀律」的並陳，而不是「不准動」與「過動」的兩個極端。兩者間的互相平衡是需要訓練的。

「感官細化敏感期」適用在三歲以下，因為這時的孩子感官是十分敏銳的，這時如能給予適當的學習和練習，強化其

感官上的細緻區辨能力是很有利於孩子學習發展的。我們在介紹大腦功能時提及，幼兒的大腦「渴望」任何外來的激發（stimuli），作為腦神經元連結的誘發子。感官（觸覺、視覺、嗅覺、聽覺、味覺等等）作為外來激發的通道，其敏銳度自然影響各類激發訊號的接收品質，如果孩子的感官能夠區別細微差異，可預期其神經連結的細緻性也可望提高。在蒙特梭利的教室中，有所謂的「顏色板」變化顏色的梯度，有「味覺瓶」、「聽覺筒」、「觸覺板」、「音感鐘」等等，目的都在於強化、細化孩子的感官區辨力。例如，在「音感鐘」的活動中，孩子在教室的一端敲一下某一個音鐘，放下音槌，橫越過教室到另一端後，試敲另一組音鐘，以找出相同音的音鐘。這工作對大部分的成人來說，常無法完成，而幼兒則大多能順利完成。這也證實了孩子的感官較成人敏銳。事實上，這種能力也外溢到有助於孩子的語言學習或孩子的觀察能力。值得思考的是，幼兒既有這種敏感的官能，孩子的生活環境中是否應該維持其激發訊號的平和性？亦即，孩子的生活環境中，若經常是大量噪音、強烈的聲光訊號、炫目的色彩，是否將造成孩子感官的提早鈍化甚至傷害，都是值得注意的。感官訓練教具另有一個附帶功能，就是可以及早察覺孩子的感官功能異常，例如弱視、色盲、失聰……等。

「社會行為敏感期」是這個階段孩子的另一個特性。前面提到，孩子一出生後，最大的天性就是「適應」所在環境，而「適應」最有力的工具就是「模仿」。孩子一旦處於群體之

中，他的「求生本能」就會驅動他儘快「融入」群體。因此，模仿學習合適的社會行為成為孩子成長發展的要務。因為是「模仿」，因此，如何將孩子放在一個「對」的模仿環境，遠比處罰孩子「錯」的行為更為有效。父母最常見的失誤是，聽見幼兒一句粗話就暴怒處罰，卻往往忽略了檢討孩子的環境，孩子只是一個接收者。孩子可能只是聽到了鄰居吵架時這句粗話，甚至它可能是長輩的「口頭禪」。這階段較有效的方式是，給孩子一個「對」的環境，在這環境中孩子可以看到「合適」的社會互動模式。這環境當然可以包括一個「有規矩」的幼兒園、對的家庭的情境、合宜的電視節目……等等。需要提醒的是，合宜的社會行為包括孩子是否能逐漸習得一些人際互動的合適行為。常見的情況是，孩子在幼兒園中與其他孩子有了紛爭。此時，一個訓練良好的教師或有見識的父母，可以將它當成孩子學習解決人際關係問題的好機會，這過程將能訓練孩子的前額葉，從而提升孩子的EQ。而我也注意到，通常孩子紛爭的對象是最常玩在一起的「好」朋友！如果父母老師不當的介入，很可能讓孩子失去了能常玩在一起的「好」朋友，這對孩子的人際關係絕不是好事。至於幼兒園內的所謂「霸凌」，我個人認為對於學齡前的孩子，這是誇大的一種說法，成人的用詞。

　　幼兒階段的「敏感期」是大自然用來協助孩子適應、成長的「天賦本性」。做為引導陪伴孩子成長的父母、教師，一方面應該努力去了解幼兒這種天性，另一方面，應該從「準備環

境」下手，善加利用孩子這些敏感期天性，善用準備的環境來
幫助孩子發展。育兒是一種行動實踐，而「了解孩子」是行動
的指引，缺一不可。許多父母接受到正確的育兒原則常會有所
感動，然而能從感動到落實行動，才是更關鍵的一大步。而在
行動中我們將會更深刻地了解孩子，並且欣賞到孩子的天性，
那是一種父母獨享、「順天應人」的樂趣。育兒需要工夫，但
它不會僅是「苦差事」，而可以是生命中一段值得回憶而甜蜜
的親子緣分。

第二章

幼兒成長藍圖與蒙特梭利
教學領域及理念

　　一個對孩子的成長及未來有想法的父母，腦中總會浮現「我該如何好好教養孩子」？孩子的成長究竟有沒有一個明確模式？這是一個開放式的問題，也就是說它的答案是見仁見智的，或是說它是沒有標準答案的。即使如此，我們還是聽過各式各樣的說法和名詞，例如：斯巴達式、縱容式、虎媽……等等不一而足。在這一單元中，我將解釋一個摻揉許多蒙特梭利理念的模式，我稱它做幼兒的「成長藍圖」（圖四）。

一、孩子的成長藍圖

在說明這「成長藍圖」前，我們也許應該先停一下想想：「孩子的成長需要什麼？」它最直接簡明的答案是，「養育」和「教育」即「教養」。然而，這名詞當中還有幾個內涵上的「陷阱」，父母也須要想清楚。先說「養育」，吃、喝、拉、撒、睡，這不待多言，是必須的，而且孩子越小這部分的比重越大。但是，父母應該提醒自己的是，這不夠！這應該是很明確的。但是經驗顯示，而且不難看到的，事實上也是父母「習以為常」的，只關注這易見表象上的「吃、喝、拉、撒、睡」，沒有意識到孩子長大得很快，而「養」之後必須緊接著的是「育」。「教育」才是影響孩子深遠的部分。舉個例子來說，孩子長到兩三歲，進入幼兒園，大部分父母頻率最高的關心還是吃夠嗎？喝夠嗎？有吃青菜嗎？上幾次廁所？有沒有穿好衣服、午休時有沒有蓋好被子等等。較少父母強調到這階段孩子的發展成長，預期該學到什麼？這從老師與父母間的例行對話中就可以知道。當然，「吃、喝、拉、撒、睡」並非不重要，但是過度強調細節，甚至抱怨連連，對於一個具備教育專業的老師來說，是很氣餒的，老師成了保母，教育方向就會開始偏離了。這是第一個陷阱。

說到「教育」，攤開來說，主要有兩個面向：「知識教育」和「人格教育」。簡化的來說，前者關注孩子的IQ，後者關注孩子的EQ，未來的成就則是兩者的加乘，事關大腦前

額葉的發展與成熟（參考大腦章節），兩者皆不可偏廢。「知識教育」容易量化，比較顯而易見，如果父母問到孩子的語言學習怎麼樣，數學學習怎麼樣，老師容易回答。「人格教育」就吃力不討好了。為何呢？簡單的來說，也就是不易量化。再加上一般來說，老師、父母對於孩子人格發展上的偏離，經常是「諱疾忌醫」，老師不敢說，父母不愛聽，長久下來積重難返，更難認真討論，遑論教育引導了。這是第二個陷阱。個人觀察認為，眼前的各級學校教育所面對的困境，幾乎多是在這個部分，我們常朗朗上口「教育失敗」，卻說不出到底是哪裡失敗？如果從均衡的五育「德、智、體、群、美」來看，我認為除了「群」育之外，更明顯的缺失是「德」育，「群」育則也與「德」育息息相關，統稱之以「人格教育」應不為過。反觀其他「智、體、美」三育我認為並無大問題，也不宜苛責學校教育。由此觀之，「教育改革」應從何下手應是明顯的。然而我們習以為常的「教育改革」，反而常圍繞在相對最強的「智」育（規模龐大的補習教育幾乎都集中在智育）上打轉。先不論是什麼原因，如果「人格教育」在學校教育中是一個缺角，最有效的方法就是家庭教育將這缺角補上。而它的第一步是父母清楚認識「人格教育」的重要，再者，則是如何逐步落實。

　　執是之故，本書接下來提出的「成長藍圖」將是從最「棘手」的「人格教育」切入，但同時論述「人格教育」如何直接有助於「知識教育」，而非只是一套形而上的道德式論述而

已。在此我們要再次強調的是，成長模式並未定於一尊，我所提出的是一個以幼兒天性（第一章）為基礎，並且實際上可以實踐的模式。也許在落實的過程中，可能出現不同的變貌，但其主軸路徑是一致的。此外，這個過程是以年來計算的，不是速成的特效藥，更不是魔術。它也是父母和孩子一起成長的模式，父母也需要學習及改變（這是父母或主要照顧者最大的挑戰）。這個模式的成效在許多的蒙特梭利教室的孩子身上並不少見。

如圖四所示，「成長藍圖」是由一個盤旋而逐漸向上的螺旋路徑構成，以呈現它是一個進展的過程。這個過程是一個循環，又同時向上發展的過程。以下我將從一個觀察者的角度來描述。想像以下蒙特梭利教室中並不少見的場景：一個孩子在教師（或父母）引導下，對一個工作產生了興趣，接下來他自己親手操作且專注於這個工作，由於興趣驅使，他一次又一次的重複這個工作，大腦受到這些訊息的激發，神經元伸出觸角（synapses）相互連結。孩子的臉上露出「專注」的神情，不斷地重複嘗試把工作做對、做到自己滿意。當滿意的那一刻出現時，他心滿意足的表情，透露出心中那自我成就感（self esteem）和對工作的自信。蒙特梭利在《吸收性的心智》[8]一書中特別指出，每當孩子在工作中呈現「專注」，就讓他跨越了足以建構人格特質的門檻，並釋放了孩子的真正天性。也就是說，環境中一個能引起孩子興趣，進而讓他能夠「專注」（concentrate）動手工作，孩子就得到一次建構其強健人格的

機會，專注工作中的孩子其偏差行為將消失，他成了一個「新兒童」。起而代之的將是圖四中的人格特性，也就是在螺旋中往上發展。因此我們可以說，人格建構成長藍圖螺旋的「入口」是：「一個有興趣且能讓孩子動手並專注的工作。」這聽似簡單，對「準備環境」的成人來說，如何營造情境引導孩子到「入口」，是相當有挑戰性的任務。孩子有追求完美的天性，上述模擬的場景只是眾多的工作之一，如果孩子在這藍圖的軌跡上，不斷累積成功的、親手完成的經驗，他的自信（及掌控情境）將不斷提升，他的獨立感也逐漸建立，工作的意志（will to act）將更加強烈。一個逐漸具有自信、獨立性、意志等人格特質的孩子，加上培養這些特質的過程，實際上也是孩子「知識教育」的過程。因此在這藍圖中，我們看到的是「人格教育」、「知識教育」同時並進，相輔相成的，而不是兩個各自獨立的過程，更不會互斥，甚至可以說是「一舉兩得」的成長藍圖。我們的教室經驗告訴我們，這不是天方夜譚。這個成長藍圖中，最大的挑戰是「一個準備好的環境」。這個準備好的環境中，成人尤其是父母，需要「了解孩子」，不只是「吃、喝、拉、撒、睡」身體方面的，（至少）還要了解孩子的階段特性（天性），像是我們在前一章所討論的，如此方足以幫孩子準備「對的」環境。重要的觀念是，整個的發展藍圖是「沉浸」於「準備的環境」之中才得以發展。

在這「成長藍圖」中，接下來的發展就更抽象，但人格也更逐步踏實。當孩子發展出適齡的意志及獨立性，例如，相當

的自理能力、每天生活上的規律、教室內篤定的工作自信及按部就班的進展等等，他同時會發展出「自制」的能力。這樣的自制能力表現在他遵守紀律及指令上，這種「服從」其背後隱涵的意識是，孩子在發展過程中不斷的體會到「服從」所換得的，是「清楚的可預測的方向」、「安全的感覺」。一種「自由」的感受，而不是「限制」的感受反而產生了，就像「綠燈可以走，紅燈要停下來」的自在感。同時，他也將覺察到「自制」，這種「延遲滿足」的能力，稍後換得的是更好的結果。例如，他禮讓了同學，換來的是同學與他更親近。他不胡鬧，媽媽對他更和藹。在這裡最獨特的概念是，「自制」、「自由」、「紀律」這三個人格上的特質，居然是「一體的」多面向，而不是互斥的！[8]。教育及心理學家在數個大型研究中已證實，「自制」是「總裁功能」（EF，executive function）的關鍵要素，而所謂的EF則是社會成就的指標[4]。更震撼的是，研究顯示「自制」能力在學齡前後（5-8歲），已可見其端倪，也就是說「自制」是學齡前應予培養的一種人格特質。果如此，學前教育其實是人格教育的黃金萌發期，也間接印證了我們在此討論的幼兒發展藍圖的重要性。

　　「創意」，是整個發展藍圖順利進展後的果實。「創意來自堅實的知識基礎。」蒙特梭利如此說。她認為沒有根基的空泛點子，其實是一種精神症狀。如果我們從大腦神經元的連結發展角度來思考，的確，神經元受到大量激發（學習）的活化而連結。如前章所述，其排列組合有無限可能，這將成為各

種「有根」的創意基礎。在發展藍圖中，其過程中是大量的、有趣的「工作」，而其工作的「意志」，完工後的「自信」、「獨立」完成、「自由」的心智、有跡可循的「紀律」等等，在在都提供「創意」逐步發展的沃土。再度的，我們看到「準備環境」對於培養這些人格特質的不可或缺。而「準備環境」是植基於「了解孩子」上。環境包括人、事、時、地、物，而「人」在主控的地位，而且幼兒所處的環境中主要的人，必然是父母家人及教師。因而，幼兒的成長發展，明顯的是受到學校環境和家庭環境的影響。所以，「準備」環境的職責不應只問責於學校，事實上是更多歸屬於家庭的（圖二）。也因此，家人尤其是父母，對於「了解孩子」是責無旁貸的。

　　陪伴孩子成長需要為孩子準備一個適切的環境，如前所述，「了解孩子」是第一步，依據我們對孩子階段特性的了解，我們可以營造一個「準備的環境」，在這「準備的環境」中，孩子悠遊其中，學習智識、陶冶人格。我們在第三章會看到一個幼兒園的教室是如何準備它的環境。接下來，我們以蒙特梭利教室為例，看看幼兒成長發展的五個學習領域。這些領域也可以出現在家庭情境中。

二、日常生活活動（practical life activities, PLA）

　　顧名思義，PLA即是孩子在日常生活中可見的活動，例如掃地、洗抹布、倒水、擦桌子、穿脫鞋、穿脫衣等等。這個學習領域是透過日常生活的活動，發展孩子的一些基礎能力。上面所舉的活動，在當前的社會情境下，也許很多父母會認為，這些活動都是古早所謂「下人」的工作，我的孩子生活水平高，為什麼要做這些？如果你有這疑問，那麼更需要好好看完這一章節。PLA至少包含下列四類練習，即：**自理能力、照顧環境、禮儀禮節**（grace and courtesy）、**動作發展**等。經由這些孩子能夠自己動手，親自完成的一個又一個的工作，如前節「成長藍圖」所述的，孩子在人格發展螺旋上的專注、自信、獨立、責任等等都會逐漸得到陶冶，孩子的自重（self-esteem）、自我價值感得以建立，這些都足以堅實孩子正向人格的形成。

　　「**自理**」是培養孩子自小即能學習照顧自己的能力。包括自己穿脫鞋襪、穿脫外套、工作背心（圍兜）、上洗手間、洗手、刷牙、摺疊衣物、小棉被等等。幼兒園對幼兒而言是一個有效的「學習自理」環境，孩子透過與其他同齡孩子行為的相互對照，而獲得「我也會」的模仿學習動力。例如，「脫除尿布」的過程，在正常情況下數週之內即可完成，孩子感受到的「同儕壓力」常成為學習的經常性動力來源。教師、父母應該善用這種特性，從小引導孩子正確良好的行為及習慣，而幼兒

自理的能力培養卽是很好的開始。

「**環境照顧**」是孩子啟動關懷外界的一種訓練。當孩子在認知「自我」的同時，也給與孩子「人我」的概念，讓孩子逐漸體會到人是活在群體環境之中，取之其中，亦給之其中。引導孩子貢獻環境、愛護環境的正面思惟。活動可包括澆花、拔草、掃地、擦拭桌椅、樹葉、照顧植物、動物等等。

「**禮節與儀態**」則是培養孩子良好人際關係的第一步，學習到彼此尊重及自我控制的能力訓練。「自制」是一種重要的能力，上一節提及的幾個大型研究結論顯示，一個人的自制能力與他的成就及社會地位直接相關，而且這種能力的建立，溯自幼兒到兒童時期卽可見端倪。「自制」能力與大腦「前額葉」（大腦總司令）的發展相關。「自制」是「總裁功能」的要素之一[4]，重要性不下於「創意」。在「禮節與儀態」訓練中，孩子學習社會化過程中的人際互動技巧：請、謝謝、對不起，打招呼、禮讓、排隊、輪流，以至如何請求協助、輕聲開關門等等。舉例來說說「溝通」的練習。教室中「和平花」工作是孩子間解決爭議的一種學習。當兩個孩子，甲和乙有爭執時，可以到放著「和平花」的小桌旁坐下。其中一位孩子甲先手執花並得以先發言，孩子乙則必須靜聽，待甲發言完，孩子甲將花交予孩子乙。孩子乙取得花時需先簡要重複剛才聽到的孩子甲的發言，接下來孩子乙回應這發言，陳述後再將花交給孩子甲，回到甲發言。如此依序輪流的對話，將事件澄清，教

師在旁可視情況協助裁決。如果孩子可以依規則而自行解決爭議，教師並不必然需要介入。「和平花」需要孩子適齡並接受程序規則方得實施。這樣的工作活動是教師絕佳的觀察機會。而孩子如果熟悉這樣的技巧，將大幅提升他的人際關係及領袖特質。

PLA中的「**動作發展**」，主要針對手臂到手指的大、小肌肉發展動作，包括提、倒、轉、捨、捏、剪、握等五指、三指到兩指等的動作。孩子透過教室中安排的許多「日常生活工作」，親自動手逐一完成，不只是肌肉發展，也是動作協調的訓練。

以下的描述雖是蒙特梭利教室內的工作和教具，但是更值得參考的是它如何發展孩子的有益特性。我們並不建議在家中也購置這些教具，而是應關注這些實體教具如何利用孩子的五感來引導孩子的漸進發展。蒙特梭利教室內「日常生活活動」中，有兩個工作十分特別，而且具有心理及精神層面上的意涵。其一為「走線」工作，另一個是「安靜遊戲」。走進每一個蒙特梭利教室，地面上都可以看見一個大的橢圓形圈，這正是「走線」工作的「線」。「走線」工作最直接的目的是用來訓練孩子的專心及動作協調平衡。依據孩子的年紀，「走線」工作可以有不同的安排。例如，一個2至3歲的孩子，只須要求他後腳尖，頂著前腳跟，沿著線走即可。對這個年紀的孩子而言，這已是他會有興趣而且足夠挑戰的遊戲了。這也是一個

動作協調練習的工作。若是一個5至6歲的大班孩子，則可以要求他，手上拿著鈴鐺或頭上頂著一個物件，或兩者皆有，眼平視前方，用「直覺」沿著線走，鈴鐺不能響，頭上物件不能掉下。這工作不但須要動作協調，而且需要專心，鈴鐺、物件可以隨年紀而有難易的差別，鈴鐺也可換成一杯幾乎滿溢的水，這相當有挑戰。因為需要專心，「走線」工作還可以有安定孩子情緒的功用。當教室內的氣氛顯得混亂、浮動時，老師也可以考慮召集孩子到圈子旁，給孩子適當說明示範後，讓孩子一一上場走線。個別孩子有情緒不穩情況，例如上學時剛被媽媽責備過的孩子（一笑），進了教室後，可以請他做「擦拭闊葉樹葉」的工作或「走線」工作。

　　「安靜遊戲」是一個團體工作。孩子隨著老師圍著橢圓圈坐下，老師請孩子閉上眼，如果是年紀小的孩子，只需告訴孩子聽老師數到十才張開眼。對幼兒這是練習聽指令行動的工作，有些孩子等不到十，就張開眼了，有些是靜不下來。大一些的孩子，可以請他們聽聽週遭的聲音是什麼，稍後睜開眼後做分享。也可以讓孩子聽音辨位、聽音辨人等等。更大一些的孩子，則可以請他們默默在心中思考一個指定的事情或問題。「安靜遊戲」可以沉澱心緒，閉上眼睛可以強化其他感官（例如耳朵）的辨識能力，提升專注的能力，對幼兒是一種很好的「靜心」訓練遊戲。

　　「日常生活活動」的工作，看似輕易、「日常」，有經

驗的老師卻清楚知道這領域是人格發展的重要通道。「發展藍圖」上的人格特質養成就可以透過大量的日常生活活動，經由引導一步一步落實。不只是人格培養，在活動中也包括了知識性的心智養成，例如有序、有節奏、有步驟、有邏輯的工作，這些都有益於建立孩子的基礎思惟架構。教室中的「教室常規」、「日常生活活動」是幼兒人格教育的兩塊磐石。

三、感官教育

在大腦發展的論述中，我們知道外界的刺激（stimuli）形成神經元的聯結。這些刺激是經由各種感官來接收，因此，感官教育的目標是發展並細化孩子感官的辨識及接收能力。人類大腦神經元的聯結十分龐大及複雜，刺激的訊號分辨愈細緻，大腦的發展亦愈細緻。教室內的感官訓練包括視覺、嗅覺、聽覺、味覺及觸覺。其相對的教具包括粉紅塔、長棒、色板、嗅覺瓶、聽音筒、音感鐘、味覺瓶、觸覺板、二項式、三項式等等。以下我們用幾個教具為例，來說明每一個教具的目標，和背後所代表的更深沉意涵。

粉紅塔可說是幼兒適齡可接觸的第一個感官教具。它由十個粉紅色的立方體由小而大堆疊起來。最底座為一個長寬高各十公分的立方體，其次為九公分立方體，以此類推，最上方一個是一公分的立方體。孩子從教具櫃取用時，必須一次只拿一個，拿到工作毯上，之後再做堆疊的組合。假想你是一個二歲

圖五.粉紅塔（pink tower）

的孩子、第一次見到這教具，每一趟來回，一次只能拿取一個立方體，他會「看」到它的大小變化，「感覺」到它的重量變化。工作漸成時（圖五照片），他看到它由上而下、由小而大的變化。他的大腦和心智會將大小與輕重間做聯結，他的眼睛看到的是「一公分」、「一公分」的增加或減少的變化量，雖然他還不知道那叫做「一公分」（才二、三歲），但「單位分量」的概念，開始從「整體總量」的概念漸進分割出來，他開始建立了「數學心智」（數和量）！這同時，在看不到的大腦內，大量神經元不同的聯結出現，用來分辨上面描述的各種不同刺激些微差異間所造成的不同「感受」，並製作成各種「經驗」，留待以後的對照使用。一個老師傅的「手感」敏銳，

就是來自比其他人具有更大量的神經元連結——針對這細緻不同的感受所形成的大量組合連結，並因而形成更精確的感受分辨能力。除了上面說的數學心智，這些「階梯式」漸變差異的呈現，也開始建立孩子的「次序邏輯」。因此一個「感官」教具，還同時連接「數學心智」、「邏輯次序」、「序列」的概念建立。當然，這些概念要得以堅實，需要得到不斷的練習（也就是神經元連結不斷的強化甚至「髓鞘化」）。孩子在這麼一個看似容易的練習下，背後卻具有那麼豐厚的多樣基礎建立，人的大腦多麼神奇！接下來我們再看一下「長棒」。

圖六.長棒

　　長棒（圖六），也可稱「紅棒」。它也是十件一套的紅色感官教具，最短的是十公分，接下來是20公分、30公分……最長100公分。它的示範也是一次取一件，接下來依長短次序併列。很明顯的，它引導「長短」的概念。接下來的教師示範包括鄰棒間10公分的差異，10+90=100，20+80=100，30+70=100，50的兩倍是100……等等。在幼兒的眼前，他看到的是長棒間長短的逐漸變化，單位長度差異，互補等等的「概念」（雖然他還沒有數字10、20……等等的知識）。孩子還處於「感官分辨」的層次，但「數學概念」已經悄悄被帶入，從視覺上「長短」的感覺，進入到數字大小的基本邏輯，多麼自然的數學學習先期過程。

　　此外，在「搬運」教具的過程中，幼兒同時體會到「長短」變化和「重量」變化間的直接關聯性。而抽象的「數字」和具體的「數量」間的關聯，也在重複來回操作的過程中被隱隱地建立起來。

　　「色板」，顧名思義是顏色教具，從紅、黃、藍三個原色的教導，到三原色的混合所衍生的不同灰階色調，例如，由深紅到淺粉紅的變化。延伸的工作是，孩子從環境中尋找相同顏色來配對。孩子的認知中，除了二分法非黑即白的概念外，還加入了兩端之間（色調灰階）的變化。孩子的顏色視覺因此得到細化的訓練。

圖七.三項式

　　另外一個教具的例子是「二項式」、「三項式」（圖七）。這兩組教具是外觀像一般積木的感官教具。「二項式」是由二個不同尺寸a和b的組合積木形成的立方體，亦即a＋b的三次方，即，4類，總共8個積木塊。而三項式則是三個尺寸a、b和c所組成，即，10類，總共27個積木塊。這是3、4歲的小朋友即可操作的「感官」教具。教師示範時，依序一塊一塊自盒中取出，分類置於桌面，再依反向順序置回盒中。過程中，孩子將以視覺感受到「分類」、堆疊的「空間關係」、多項式的「組合」概念、三維立體的概念。這個教具當然不需明白的引入三次方數學式，但是卻在孩子的意識中，自然引進了數學心智。這教具連結了「具體的」、「可見的」實體（積木塊）和「抽象的」、「不可見的」數學概念（三次立方式）。這概念

和幼兒數學教育的發展程序，即由「抽象」先「具體化」（量化），再由「具體」而「抽象化」（數、符號）是相一致的。

蒙特梭利感官教具，一則利用實體以犀利（sharpen）孩子的學習「觸角」，即感官接受訊號（stimuli）的能力，一則以具象化（substantiate）孩子的抽象能力，其教育意涵是極為深刻的。

四、語言教育

語言，是人類文明的關鍵工具，知識的傳遞與儲存皆與之息息相關。前章談到孩子的特性如「傾向」、「敏感期」等，其中皆有「語言」的項目。語言，是孩子與其環境（尤其是人）的連結工具，孩子成長發展的基礎。語言的學習，大致依序包括「聽、說、寫、讀」。而孩子的語言學習，一方面來自環境，另一方面來自引導。孩子來自環境的語言學習，可說是十分原始的。人類的本能之中，有模仿的功能，只要環境中不是寂靜無言，孩子就會逐漸取得「聽、說」的能力。然而，從教育的觀點來說，如果將孩子的「語言環境」加以「準備」，豐富它的機會、內涵，引導孩子能自其「語言環境」中有效汲取。所謂「豐富」其內涵，例如，大量的語言互動，說故事、對話、歌唱、有節奏的詩詞曲等等都是，當然多種語言並存的情境，更是自然流瀉於孩子的語言學習中，毫不費力。

　　至於「寫、讀」，則需要較系統性的學習過程，這可以從平常的觀察即可推論得知。試想如果我們移居到另種語言的國度，為了溝通，勢必先由「聽」然後「說」開始，至於「寫」和「讀」，顯然要晚些，在沒有指導的情況下，甚至遲遲無法學得。

　　對於孩子來說，「寫」之前還有一道關卡，即手部的肌肉發展與動作協調練習。所幸，肌肉發展與協調原本即是孩子的自學天性之一，不過書寫還是需要引導，按部就班進行。在教室中，「日常生活練習」區中的許多工作，都自然而然的提供孩子許多的肌肉發展機會。前節提到，PLA中的「動作發展」，主要針對手臂到手指的大、小肌肉發展動作，包括提、倒、轉、掐、捏、剪、握等等從臂膀到五指、三指到兩指等逐漸細化的動作，加上動作協調，每一種練習都是可以為提筆寫字做準備。而這過程到了孩子六歲左右，能拿起筆並控制筆畫輕重、順序、直、彎、頓、捺，練習時間可長達兩、三年。因此，「孩子幾歲可以寫字？」這問題是問錯方向了，更正確的問法是「孩子要經過什麼練習過程才可以拿筆寫字？」也就是說，如果一個孩子未曾好好練習手部的肌肉發展，即使到了小學一、二年級，也還是不適合提筆寫字。反之，如果孩子在兩、三歲就開始經常有機會練習自手臂到手指的動作和肌肉練習，五、六歲拿筆寫字應是很正常、合適的。因此，拿筆寫字不是「年紀」的問題，是整個準備的「過程」走過沒有。至於孩子是否有足夠的手勁，筆畫順序是否已能掌握，都是過程中

圖八. 活動字母

能觀察到，並且加以調教的。過程中孩子能夠開心走過，則端視引導方式和引導者的技巧甚至專業了。

　　「讀」在語言學習的「聽、說、寫、讀」中是最晚出現，但卻可說是語言學習中，最需要紮實功夫的一部分。在蒙特梭利教室中，「讀」是由一系列的教具遊戲引導串成的。接下來我要舉例來呈現這學習的場景。以英文或注音符號為例，首先是用「拼音法」（phonics），引導孩子逐一認識字母的讀音、寫法（圖八）。

　　一旦熟悉字母後，即可進行拼字閱讀，例如，「c」讀成「科」的音、「a」讀「阿」、「t」讀「特」，一次連貫快速讀出「科、阿、特，cat」，即完成cat的拼讀。剛開始時，孩子並不需要知道他正在拼讀出英文的「貓」這個字，然而一旦成功拼讀出，他發現有人「聽懂」他讀的英文，那種成就感，成了孩子繼續往下練習「讀」的強大誘因。教室的經驗顯示，大約四歲左右，孩子開始，並且十分喜歡這種拼讀音的遊戲，他們甚至將週遭隨處所見的車牌英文字母如「ABC」，都拼讀出來，並且興致勃勃。這個時候，父母不必太在意孩子是否精確拼出，反而只要欣賞他們自得其樂的興趣和強烈動機即可，即使有錯誤隨後將很快會被他自己修正。此階段，「保持興趣」遠比對錯重要。

　　當孩子能拼讀相當的字詞之後，他很快會輕易記得字詞的意義，而且開始能唸完短句。這時的孩子也漸將能夠開始閱讀英文小書（例如那種字大而圖片漂亮的童書），接下來的一段時間，配合他在「寫」方面的進展，他將能逐漸增長讀句的長度。如果他已熟悉基本的詞彙，他甚至可以開始自己製作自己的「英文小書」。例如，老師可以先引導孩子說出一個簡短的敘事故事（例如，早上我經過一個公園……），然後請孩子依時間順序，畫出故事中的幾個關鍵場景圖，之後請孩子在每張圖畫下方寫出關鍵的名詞、動詞，然後，引導孩子進一步將這些圖片和文字，加上自己的美工，並依序串接成一本小書。六歲孩子完成自己的「小書」並非少見。

　　幼兒園孩子的語言學習，如上所述，若能走過「聽、說、寫、讀」的基本過程並且保持適當興趣及愉悅學習，六歲孩子的語言能力將具備相當的程度。一旦孩子能閱讀書本，由易而難，他的語言自學能力，將進入新的境界，並自書中取得知識。「語言是文化學習的工具」，有了語言工具，孩子也將進入該語言的文化大洋之中。

五、幼兒數學教育

　　幼兒可以進行數學教育嗎？是不是太早了呢？正是，幼兒的正式數學教具在蒙特梭利教室內，要到3.5歲左右才會開始引入。因此，幼兒數學教育需先澄清幾個觀念，它是三段式的學習過程。首先，數學教育的先導是「數學心智」，而非直接進入符號數字的運算。其次，幼兒數學教育的第一步，必須先讓孩子能將「抽象」的數字觀念「具體化」、「實體化」，等待孩子有能力將「量」（具體）與「數」（抽象）搭配一起時，才能開始用代表數字的「實體」練習運算。第三，透過實體的操作，熟練後，他才能逐漸將「具象」的數學操作「再抽象」化（不再需要用實體操作的心算）。例如，「九九乘法表」是熟練運算的結果，不是偷懶將它弄成了「國語」，用背記的。心算能力是孩子能將「具象」的「算盤」搬到腦子裡去撥弄做運算。一旦孩子有了將數字在「具象」、「抽象」間來回互替的能力，孩子的數學基礎就建立了。以下稍微再詳細說明。

　　首先，先談談「數學心智」。我們的生活週遭充滿了數學的影子，例如，「我家有五個人」、「分成一半」、「給我一點點」、「兩雙筷子」、「少了三枝」……。但是我們直覺認為這是「語言」，是「國語」，所以我們習慣的去背去記去說就好。我們，尤其是孩子，並不會區辨它們其實是「數學」了。數學其實是生活中的另一種「語言」，而且是共通的「語言」。正是因為大人缺少「數學心智」的警覺，孩子的數學心智環境就隱晦模糊，甚至抽象而令人生畏。孩子能從1數到20，但是無法比出3個指頭來表示「3」，這就表示孩子還停留在「國語」能力未進入「數學」能力。

　　在教室中，從幼兒最早開始接觸的「日常生活練習」（PLA）工作到「感官教育」的工作，孩子不斷的被提示「數學」的概念，不斷練習包括「配對」、「序列」、「關聯」等概念，孩子數學心智就逐步開始發展了。而且，過程中都是通過「實體」操作來引入，因此孩子也漸漸有「具象化」一個抽象數字的能力。

　　第二，我們玩個遊戲，將上段括號內的文字換成數字的符號，上面括號內的文字就變成「5」、「1/2」、「10%」、「2x2」、「-3」等等數字。看到了吧？「量」：「五」個人，「數」：5，「名稱」：五。對幼兒來說它們其實是「三個不同的事」。在幼兒能弄清楚「量」、「數」、「名稱」指的是「同一件事」之前，孩子是還未有數字能力的。因此在正式學

習數學前，孩子要具有將「數」先「量化」的能力，前面所說孩子比出指頭，孩子有能力將指頭數與口中說的數字搭配對，這才表示孩子開始有數字操作的基礎能力。

第三，一旦孩子有了數字的具體概念後，教室內就可以開始引進數字運作的練習，從連續數、十進制、進位、退位、實體的四則運算、數字的四則運算（見下圖九），並逐漸因熟練而進入抽象的心算能力，這就是所謂「再抽象」的過程。由以上的描述，我提出幼兒數學的學習是三階段的，即：抽象的數先具象化、具象的教具操作、具體操作的再抽象化（如心算）。如此，孩子可以在具體的、遊戲的、不害怕的學習過程中，將數學基礎打下。對照我們常見的兒童數學教育，孩子在課堂上，老師在黑板上寫下數字，未落實數字符號的「具體」物理意涵，接下來即要求孩子用這些抽象的符號做四則運算。孩子在缺乏有意涵、具象的了解下，只好把它當成「國語」硬是背下來。久而久之，數的邏輯無法建立，還因此害怕它。所以我認為「九九乘法表」應是因熟練而自然記得，而不是硬背記的偷懶過程。「硬背」，表示跳過「具象化」階段或簡化了前面所說的「三階段」學習「過程」，這樣的數學基礎是模糊不紮實的。反之，利用學齡前兩三年的時間，讓孩子「玩」出「九九乘法表」，建立紮實的數字概念和運作邏輯，是絕對划算的。經由具體的教具操作，孩子對於加、減、乘、除的具體意義有明確的了解，例如：透過具體教具操作（例如銀行遊戲），孩子清楚看到「加」就是將東西「攏在一起」，「減」

是將東西「拿掉」，「乘」是把好幾組「相同數目的東西攏在一起」，「除」就是把東西「公平的分給幾個人」。這些概念都是經由具體的物件重複的演示而得。孩子在「記憶性運算」（圖九）的教具不斷操作後，對於運算後的結果自然產生記憶，因而逐漸具有心算的能力。這也就是我說的「再抽象」的能力，就是孩子開始有能力將數字的四則運算從「實體」搬到「腦中」去運算。這時，「九九乘法表」就只是一個副產品而已。很重要的是，過程是具體教具的各種「遊戲」，如果引導得當，學習不但沒有壓力，而且有邏輯也很有趣。

綜上所述，前面敘述的這幾個不同教學的領域，其實是「分進合擊」，從不同的面向，架構孩子的完整學習，而且彼此之間是相互強化的。

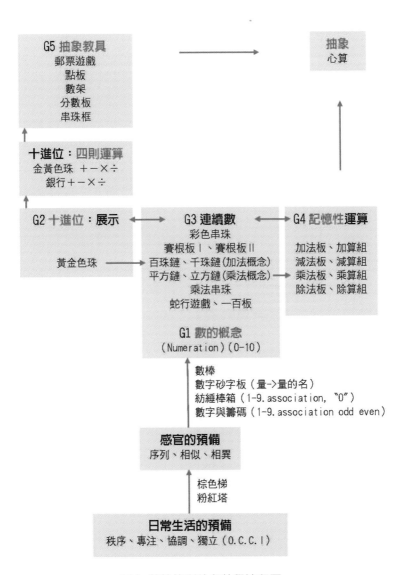

圖九.蒙特梭利幼兒數學流程圖

六、文化教育

　　文化教育也就是人文教育，在教室裡，包括歷史、地理、音樂、藝術、科學……等等。前面我們已經談過孩子的「吸收心智」，孩子強烈的吸收能力，使得孩子在接收人文教育的各種內涵，不但具有大量吸收及記憶的能力，而且很快就有融會貫通的能力。經驗顯示，一個四歲多的孩子可以向父母解釋火山爆發的成因和過程、五歲的孩子解釋沉與浮的現象、說明貝多芬是失聰的。孩子學習不同國家的國旗、地理拼圖上的位置、人民的服裝、食物、獨特圖記物件、風土人情……等等。三年之間孩子可以學習近六十個主要國家的概要。蒙特梭利文化教學，可說帶給孩子一個寬廣的國際觀。而一個蒙特梭利教師，為了回應孩子的各種問題及求知慾，她（他）必須不斷收集資料、整理資料，自己也逐漸成了一個博學的教師了。一個資深的幼兒教師理應是個博學的教師。

第三章

爲孩子準備環境

一、了解孩子，準備環境

我們在欣賞蒙特梭利的教育模式時，可以注意到她提出的幾個根本概念：「孩子不是等待填滿的空瓶」、「孩子有個內在導師」、「自學本能」、「教育是為生活作準備」。這些概念都指向孩子環境的重要。我說明如下。

在前面章節談到孩子的天性，我也試著將孩子這些學習的天性和「求生本能」相連結，如此我們可以很邏輯地解釋在孩子身上觀察到的行為和現象。

「孩子不是等待填滿的空瓶」。一般人在不假思索的情況下很自然地認為，嬰幼兒的腦袋瓜內，空無一物，我給他什麼他就學什麼，而且我們常以此居功，沾沾自喜，覺得自己「教」得很好。事實上孩子的確實是給什麼學什麼，只是父母並非唯一的學習對象，而是圍繞著孩子身處的「整個環境」，父母只是環境的一部分，就算是重要的一部分，如果我們要孩子把我們當全部，孩子的發展自然就受到框束了。「環境」，「準備的環境」才是我們成人應多著力的重點。此外，孩子的成長發展、學習的機制，並非我們能統一設定的，而常是一種「天性」。看看孩子學語言的方式就遠超出我們能設定的，我們無法看到成人能用如此有效率的方式，同時學習、記得那麼多字彙，而且不限一種語言。孩子有一個內在的天性，引導孩子從準備環境中汲取他所需要的成長發展要素，孩子的天性是

在合宜的環境下才能做最好的呈現，多元、友善、適齡、有適當指引的環境。我在「成長藍圖」的章節中有過討論，將它穿插在此一起思考，會有很多幫助。蒙特梭利認為教育的目的是「為生活做準備」，所謂「生活」，當然不是只有馬斯洛三角最底層面的吃喝拉撒睡，還向上包括到「自我實現」、甚至「文明創建」的層次。所以孩子對於所處環境的認知、融入、掌握都是必須的。正因為孩子很自然的自環境中學習，環境的良窳關乎孩子的教育，成人因此更應主動營造「準備的」環境。

接下來我們要說明的是如何準備幼兒的環境。雖然這本書並未預期讀者皆接受了蒙特梭利的教育理念，然而，「環境」對於幼兒教育的影響重大應是種共識。因此，在這裡我們仍然要以蒙特梭利的模式為例，來說明學校如何為孩子們「準備環境」。對於學齡前幼兒來說，他的主要環境正是家庭與幼兒園。

二、學校如何準備環境

談到學校環境，我們腦海中浮現的景象可能是開放的空間、草皮綠地、樹木景觀等實體環境。其實，對幼兒教育來說，「環境」有更寬廣的定義，舉凡孩子舉目所見、感官所觸，甚至感覺所及的，都是環境。環境應包含具象（教室、教具）與非具象的（氛圍、情境）。而學校環境中，「人」是十

分關鍵的，教師是主控環境安排的角色，而其本身所做所為，亦皆足以影響孩子的成長過程。

　　讓我們先看看「教室」。以一個蒙特梭利教室為例，首先，它必須足夠寬敞，舉例而言，如以每個孩子三平方公尺計算，30個孩子的教室約需30坪大。光線充足，窗戶寬大，下方牆面約一公尺高。這些都是以一個孩子的「觀感」出發來設計的。教室內一般會沿牆邊擺設教具櫃，櫃子高度大約到孩子胸口，分成上中下三層，同系列教具依照初階、進階順序擺放。一些特別考慮的教具，例如需要取用水的，則傍近盥洗間進口。教具櫃如果不是沿牆邊，通常是兩兩背靠背成組擺放。教室中，也有工作桌，桌高是孩子坐下後舒適的操作高度，搭配小椅子，大約是孩子膝蓋高度。整個教室內，還有相當的空間可以擺放工作小毯，所有家俱擺放必須考慮孩子進出走動的動線順暢、安全，不干擾其他工作中的孩子。教室常規中有一條規則，要求用工作桌的孩子，起身離桌時，必須將椅子推靠桌下，以保持動線淨空。由這細節可以看到，所謂「準備環境」的多面向及細緻，以及它對於孩子關懷他人及環境潛移默化的教育。

　　接下來要談環境中「人」這個要素。教室中的人不外老師和孩子。先看看「老師」。蒙特梭利將「老師」（teacher）正名為「引導者」（directress），我認為這是一個翻天覆地、革命性的重新定義教師的大動作。而這樣的稱呼，也完全反映了

蒙特梭利本人對於當代幼兒教育概念的根本想法，即，以「孩子為主體」的幼兒教育。我在前面章節說明過，孩子不是等待被動填滿的空瓶子，而是具有主動「自學」本能的天性，這天性源於原始的求生本能，等待著正確合適的環境，提供他學習、適應環境的原材料。因此，在這概念下，即使教師不是不重要，傳統上老師是所有知識的來源、享有權威的這種觀念，已然不符事實。「教導」（teach），使得孩子的學習最終受限於老師的知識所及，而「引導」（direct），卻能使得孩子跨入更寬廣的知識之洋，而不以教師所知為限。在後現代的教育中，教師另有更重要任務，而蒙特梭利顯然已早先一步指出。蒙特梭利的老師不是「教書」（teach）而已，她要「引導」（direct），引導什麼呢？引導（不是教導）孩子學習，引導孩子與豐富的「準備的環境」銜接。老師更重要的工作是去「準備環境」，準備一個對的、有益的、豐富的環境。當然，這包括（但不限）如何「教」或示範一個工作。因此，蒙特梭利的老師（引導者）有幾個任務：第一、準備環境；第二、做為孩子和準備環境間的橋樑；第三、觀察者，觀察孩子在環境中的發展學習狀況，以之做為調整環境需要的依據。

　　蒙特梭利老師在教室中被設定為上面幾個重要的角色及功能，這些功能其實是連貫一體的，我們一個個來看：

1.首先，老師是環境的「準備者」。做為一位蒙特梭利工作者，教學模式下固然有其一套預設的所謂標準教具，

例如，粉紅塔、棕色梯、塞根板……等等。然而，也有更多的教具，是可以依據教學理念而自行設置。因此，更根本的是，教師應努力理解蒙氏教育深層理念，並據之以準備教室裡的環境，這應是蒙特梭利教師的終生職志。依上所述，則「蒙特梭利教育如何本土化？」的疑問，其實是一種誤會。如果「環境」啟發的是孩子普天一致的天性本能，本土化只是詮釋工具的不同，理念本質上並無不同。誠如之前所述，「環境」包括硬體環境，還有抽象的情緒情境，兩者皆為教師應準備好的。準備好一個讓孩子感到安全的、溫暖的、支持的、引導學習的環境，是教師的職責。

2. 老師是環境的「守護者」。由「準備」到「守護」，因此，教室環境中，不論是硬體或是抽象的情境，應隨時保持在就緒的狀況中，以利孩子的學習。一支用鈍了的鉛筆，老師要在放學後或上學前削好。一個缺損的教具應該立即替換或暫時移除。教師隨時要梳理自己的情緒，沉穩溫和等等。

3. 老師是環境和孩子間的「橋樑」。一個訓練良好、經驗豐富的教師本身，就是引導孩子進入準備好的學習環境的橋樑。她清楚知道孩子的程度進度銜接，她知道自何處引起孩子的興趣，她知道所示範的工作關鍵何在，她知道如何鼓勵孩子在示範之後，去嘗試自己動手做。她

知道如何避免及疏導孩子工作上的挫折感。一旦孩子進入專注的工作狀態，他的人格發展就啟動了（圖四）

4. 老師是孩子學習過程中的「觀察者」。老師在孩子親自操作工作時，知道何時「悄悄的離開」，留給孩子一個獨立自由的探索和操作空間，同時卻用眼睛和心，密切觀察孩子操作的狀態——孩子是投入、漫不經心、還是碰到障礙？這些觀察將回饋老師去反思「我的示範正確嗎？」、「教具設計合宜嗎？」、「工作太難（超齡）嗎？」、「太簡單嗎？」……，這些都將提醒老師去思考「環境準備」是否妥當，及孩子學習狀況如何，也增強了老師「了解孩子」，從而反思環境的準備是否需要調整。因為「了解孩子」是「準備環境」或再修正的依據。老師一點都不清閒！

「混齡教室」可說是蒙特梭利學校的特性之一。在討論孩子的特性時，我們看到孩子的發展階段，3到6歲是屬於同一發展階段，雖然年紀稍有分別，但是其特性仍屬同一階段，例如，吸收心智、敏感期等等。因此在一個有個別引導、個別學程的教室中，孩子混齡對於其學習不但沒有不利，反而有下述的優點：孩子的學習不只是知識性的IQ面向，更有人格發展的學習，或者所謂的「社會化」的EQ學習。混齡教室中就像一個由二、三十個不同年齡的孩子組成的小型社會，在教師的引導下，孩子從中習得人際互動的技巧及規則，從而增長其EQ。

　　我們偶而可能會在新聞或媒體上看到某學校採用所謂「混齡教室」，然而，要當心，「混齡教室」不是形式上的，不是僅僅將不同年齡的孩子放在同一個教室中而已。就好像在偏遠地區，因為各年級孩子人數不足成班，「只好」將所有孩子併成一班。當然，這樣的班成立之後，如果我們問問這班的老師是如何帶孩子學習，還有碰上什麼困難，相信他一定能搬出一籮筐的看法和困難。其中的好處（若有）恰是我們接下來要談的，只不過，不同於上述情境的是，蒙特梭利的「混齡教室」，是事先經思慮而後提出的相應安排。其依據主要是3-6歲幼兒是屬於「同一發展階段」（plane of development），這階段的孩子具有共同的特性。前面的章節，我們說過的孩子的四個發展階段，3-6歲是0-6歲這個階段的次階段，除了「吸收心智」、「敏感期」、「傾向」等主要特質基底外，更細微的來說，他們具備下列共同特性：

▲需要次序感；

▲有意識的吸收心智；

▲需要眞實事物；

▲需要親自上手的經驗；

▲漸增的抽象概念；

▲意志發展並增強；

▲語言能力精進；

▲動作協調並細化；

▲社交技巧增進等等……

3-6歲的孩子有了這些共同特性，在「準備的」教室環境

中，教師可以透過一系列、延續的教具及教材，由簡而繁，由具體而抽象，逐步引導個別孩子的學習、成長發展。

又由於孩子的年齡稍有長幼之差別，「混齡教室」中將呈現以下之優點：
▲量身訂做的個別學程；
▲藉由觀察和模仿同儕來學習；
▲經由教具的自我教育功能而能自學；
▲年長的孩子透過教導別的孩子，而增進自己自信及自我價值和責任感；
▲年幼的孩子透過同儕學習，能減少挫折感；
▲降低不必要的競爭性提升孩子的互助、自信及自我效能感、成就感；
▲小型社會，提供社交技巧、尊重他人、自制、紀律等等的學習機會，足以提升EQ及前額葉功能之發展，也補充少子化下手足人際互動不足的缺失。

由上述的論述，很自然的我們會聯想到混齡教室的教師，該具備什麼樣的能力。顯然，這教師必須熟悉整個年齡層的教學內涵，而不能只具有分科教學的能力。他必須對於3-6歲每個年齡孩子的特性差異及進展有足夠經驗，並掌握及熟悉每個孩子的特質及發展進度，因此足以為每個孩子在學習的路上，排困解難，包括課程學習、人格發展。

　　一個帶班老師就像樂團指揮，能夠協調並且指導每一個樂器的演奏及步調。帶班老師能夠調度全班教室的資源，包括人和物、情境，用以增益幼兒的學習。因此，帶班教師的養成，絕非一蹴可及，我們的經驗是，初進入教室後需要至少三至五年。而在這樣的資歷之後，教師本身的言行舉止，端莊溫和、博學，足以為孩子們的表率，而且得到孩子們的尊敬和信任。所以，我們看到許多初為父母束手無策的情況，老師卻能讓孩子服貼。許多孩子在家中的「不乖」行為，在教室中卻不曾出現，甚至使家長們認為老師在「粉飾太平」。事實是，教師營造的教室，整個情境使得孩子安全感、信任感皆高。「自由與紀律」這兩個似乎互相衝突的原則，在教室中居然能協和的同時出現，若非身在其中確實是不易理解的。但是實境錄影的確證，卻不斷重現孩子那種祥和卻又像小蜜蜂般勤勞工作的景像。正如蒙特梭利在其著作中描述，教育當局的官員在參觀她的「兒童之家」時，那種不可置信的神情且又無以為應的光景。的確，一個成熟的帶班老師，會讓人不得不承認，「專業」確實存在。

　　就此，我們也順帶的說明一個合格的蒙特梭利教師，需要如何的被訓練並準備，共有三個方面。這些特質要求也值得父母參考。

言行上

　　孩子開始上學後，教師就成了孩子心中的主要人物，在某

些情境下，其影響力甚至會比父母更大。如前所述，教師是幼兒學習及「準備的環境」中的要角。因此，她（他）應該外表可親、穿著整齊樸實、舉止優雅、平靜沉穩，言談輕巧。教師在教室中的一言一行，常成為孩子模仿的對象，因此，教師應時時提醒自己做好榜樣。孩子回到家中可能在家長面前扮演成教師，而自然的呈現他所「看到」的老師。當然，我們也不應苛求教師必如完美的人。

心理上

她（他）應該隨時在其專業上進修。她（他）應了解幼兒的一般特性，例如：吸收心智、敏感期、傾向等，也應了解個別孩子的特別習性。她（他）也需要熟練所有教具，並維持對教具的高度興趣及自信。

氣質上

蒙特梭利教師長期沉浸於溫和文雅的教室情境中，因此她（他）常呈現相應的氣質：對孩子有耐心、很少情緒化、避免偏見、管教上溫和但堅定、前後一致。這些特質也都應是父母值得仿效的特性。

本段落結束前值得再提的，一是教室的情境，另一是教室是孩子學習社會化的一個重要場域。先說教室的情境，一個教室的情境，硬體上它在色彩光線上柔和，教具、家具擺設井然有序而整潔，室內植物生意盎然，音樂輕柔，輕聲的對話，

摩娑的教具操作聲。更重要的是，經由教師營造出來的情緒情境。前述教師的教學專業及氣質，在一個「準備的」教室中，它給孩子的感受應是：明確的教室規則，孩子與老師間的互動溫和，明亮的光線，柔和的音樂，吸引人的教具，孩子相應的將表現出極高的安全感，並且對於學習顯得躍躍欲試。

另外，教室是孩子學習社會化的一個重要的場域。少子化是已發展國家的一個普遍趨勢。許多孩子是處於獨生子的成長環境，自小缺乏與相近年齡的孩子相處的經驗，加上成人的寵溺，孩子很容易就養成我行我素或予取予求的習性，正確的人我關係難以形成。因此，幼兒園常是孩子第一個社會化的養成場所。孩子面對許多與自己類似年紀的孩子，除了「自我」，如何漸次學得「人我」的關係及互動之道，顯然是此階段重要的教育內涵。做為父母，該如何支持、鼓勵孩子建立友伴關係，逐步發展出孩子應有的社交能力以及情緒智商（EQ）。在前述的教室情境中，孩子們之間的互動得到教師的鼓勵，同時亦得到教室常規的引導，及適當行為的約制。蒙特梭利教室中的常規項目，及教具操作程序的引導，對於孩子養成排隊、等待、依序，甚至磋商，都已提供引導基礎。孩子互動中偶而出現的齟齬，通常也正是孩子學習如何解決人際問題的機會。除非衝突升高甚至失控，有經驗的老師通常不會第一時間就制止，而是觀察孩子如何處理，再適時引導。至於所謂的「霸凌」，在幼兒階段，我以為都是被扭曲的成人假議題。

三、家庭中如何準備環境

在經營幼兒園的經驗之中，每到鳳凰花開的季節，常出現類似下面的對話：

「蒙特梭利幼兒園很好，我覺得孩子三年的變化好大，謝謝學校把他教得這麼好。可是，接下來孩子就要畢業了，沒有蒙特梭利小學、中學，怎麼辦？我還聽說蒙特梭利孩子，上了小學會坐不住，是眞的嗎？……」

這典型對話中出現了好幾個重點。「上了小學坐不住」，是個值得探討的說法。首先，沒有具體數據證實蒙特梭利教學出來的孩子坐不住。其次，縱使偶有，我相信也不是只有蒙特梭利幼兒園出來的孩子才坐不住。坊間很多似是而非的推論，認爲孩子學了很多東西（以爲蒙特梭利學校是補習班），所以不想聽老師的話;又認爲孩子習慣沒有固定課桌椅的工作場所，所以坐不住;也有說孩子在教室自由慣了，坐不下來……。

有趣的是，上面所以爲的原因，嚴格來說，學了很多、或沒有固定課桌椅、或自由慣了，哪一項是眞正負面的？其實這些現象若眞出現，根本原因可能就只是孩子習慣的「環境」變了。我們前面說了許多「環境」對孩子的影響，一個不是以孩子學習特性和需求來做準備，不能引起孩子學習興趣的環境，孩子有「不乖」的反應，是很正常的，也不會只限於一些特定的孩子，不是嗎？果是此因的話，只要求孩子調整（要乖），而不是檢討教學情境是否該調整，那可能是搞錯方向了。

　　另外一個重點是，「不是讀蒙特梭利小學、中學」的孩子，學習就無以為繼了嗎？其實不全然，它的答案就在本段落的標題上——「家庭中如何準備環境」。容我再說明清楚。蒙特梭利教學的模式，以個人多年的理解，它真正的核心價值，不在光採動人的教具、教具操作，甚至教室安排，而是在它帶出了一個「掌握孩子成長發展特性」的教育理念，並據此來「安排孩子的成長學習環境」。運用準備好的環境，搭配準備好的成人，共同來教育孩子。這才是關鍵。

　　因此，即使沒有蒙特梭利學校，如果父母掌握了蒙特梭利教育理念，並據以安排孩子的「準備環境」，那麼孩子的成長環境，仍然是在父母的掌握中。平心而論，孩子的主要成長環境（18歲前），其實還是在家中。當然，我也認同如果就近有正規的蒙氏小學、中學，孩子的學習將可能更落實。然而，如果我們賞識蒙特梭利理念所告訴我們的：孩子的人格養成先於智識養成，身為父母我們將欣然接下孩子在家庭中人格教育的擔子，並且知道如何陪伴、引導孩子接收來自學校的智識學習。讓我們回到本段的主題上吧。

　　家庭中的準備環境，首先，我們先來談談成人的心態調整。在經過了前面幾章的說明後，我們認為家庭教養態度上父母要先了解下列有關孩子的特性。

▲孩子具有的階段特性

　　例如3到6歲的階段特性，包括吸收心智、學習敏感期以及一些傾向。6到12歲的特性，坊間有許多書都可提供。

▲2-6歲是關鍵的發展階段

孩子需要許多的耐心和溫暖接納，同時也需要指引，並發展出自制和遵守紀律的能力：愛與紀律可以並行不悖、相輔相成的。

▲渴望學習

孩子有自學的本能（因此需要對的環境），隨時學習、主動學習（如果沒有被不利環境壓抑的話）、用自己的步調學習、遊戲中學習。

▲希望獨立

因此，不必要的代勞，會剝奪孩子發展的機會（孩子的學習，應重視其過程甚於結果）。營造孩子能自己動手的機會，孩子自己動手的成就感（內在獎賞）遠高於外來的讚美或獎賞。允許孩子自己的步調。

▲0-6歲階段，人格發展重於知識發展。人格發展是在主動與環境互動的過程中才能形塑，並定位積極的自我。

有了這些態度，我建議父母的家庭情境守則是：安全、穩定、自由、紀律。

▲安全

孩子的安全感是探索、學習的促化劑。在家中不但要有安全的實體環境，也要有讓孩子感到安全的情緒情境。

▲穩定

提供孩子一個穩定的情緒情境，父母的情緒應盡可能避

免大幅起伏。日常生活中，即使大人間有爭執，也要盡量避免在孩子面前交火。固然，我們要溫暖接納孩子，也要避免對孩子有過度的情感需索，讓孩子有穩當的情緒發展，以及適齡的自我空間。

▲自由

孩子行動上的自由也需要紀律引導，但心智上的自由，對孩子的想像力、創意發展則是很有幫助的。避免以權威式的方式執行自己的期望，用引導、對談的方式是較好的。即使孩子常會犯錯，也要容許孩子合理的犯錯空間。

▲紀律

自由與紀律對孩子都是重要的安全感來源。孩子擁有自由，並不是表示孩子可以沒有紀律。事實上，孩子一方面需要發展，另一方面則需要指導，因此孩子學習規則、紀律也就同樣重要。一個不能遵守紀律的孩子恰好反映了他的無所適從，以及缺乏安全感的狀態。紀律和自制息息相關，而自制能力，是形成成熟人格的重要甚至關鍵特質，稍後第五章中我們會再談。

以上段落總結來說，成人應該給孩子一個「生活安全、情緒穩定、心智自由、行動紀律」的成長環境。

另外，還有一些提醒

對幼兒階段尤其是2-4歲的孩子，規律作息時間很重要。不

僅是保持充足睡眠時間，而且規律可測的時間安排，也是孩子感到穩定和安全感的方式。而睡前時間，無妨安排成結束一天的溫馨流程及儀式。刷牙、親子聊聊天、睡前故事，摸摸頭道晚安，讓孩子安穩入睡。

這年齡的孩子，認知雖有限，但是已經有了語言表達的能力和需要。因此，親子間的對談，不僅給了孩子語言發展的更多機會，也給了父母更精細了解孩子的機會。因此，耐心地多聆聽，少評論、多同理，適度、適齡地回應。提醒自己，孩子的認知能力不是成人，不必拘泥和在意於對錯的判定，讓對話成為親子間的感情連結就足夠了。

學齡前孩子的自我效能感（self-esteem，或感覺自己有用），常來自能親自上手做完一個事。因此，教室或家中應設計安排一些孩子可以動手做的機會。教室中，教師依據孩子的合適進度，引入新工作，經示範後，孩子自己動手操作。在家中，父母可以就手邊的家事，適當擷取適合孩子的部分，讓孩子參與。孩子完成工作時，不但提升其自我效能感，而且也增進其歸屬家庭、共同維護家庭的感覺。

4-6歲的孩子同儕關係更加緊密，從眾的情況更明顯，易受同儕影響，喜歡比較，也不喜歡和同儕不同。因此，人際之間不當的互動（詞語或動作）需要被引導往正面發展，這是社會化發展，EQ發展的重要基礎。

　　這年齡層孩子的發展應該是，逐漸不需要父母的不斷注意，否則就可能是缺少安全感或自信。若如此，則需要進一步了解是否情境或環境上有需要調整的因素。父母若常年巨細靡遺的關注或控管，隨著孩子一年年成長，必須逐步鬆手，否則孩子的適齡獨立自信的能力，將轉成習慣性的、長期的依賴和失去自我。父母的意志取代了孩子的意志發展，「聽令行事」使得孩子不願探索、不敢嘗試新的學習、不會做決定，長此以往絕非孩子成長發展之福。

　　孩子是否發展出良好的社交能力及情緒穩定能力，與父母管教孩子的方式有很大的關聯性，其原因應與孩子自環境中吸收與模仿的天性有關係。父母（或主要照顧者）的言行特質，尤其是其中強烈的部分，很容易在孩子身上反映出來。家庭教育與其中隱含的價值標準，在在影響孩子的人格特質，值得仔細思考。

　　管教標準的一致。這是對父母很大的挑戰。所謂的「一致」，包括父母間標準一致（如果有長輩同住那是更大的挑戰），前後的一致，更進階的是學校家庭一致。對學齡前孩子的認知來說，一個相同的事件，可以或不可以，應該只有一個答案。舉例來說，孩子對媽媽說：「昨天爸比都讓我出去玩，為什麼今天不可以？」如果沒有一個合理的回答，孩子就存下了一個「不可預測」的不安。更糟的可能是不合邏輯（非理性）的回答，例如「我就是不想讓你出去玩」，因為孩子也會

學得同樣的應對方式。不一致的標準會讓孩子無所適從，長期來說，對他的邏輯發展及「安全感」是不利的。

接下來我們可以看看住家的實體環境和情緒環境的準備。

實體環境

孩子隨著父母生活，一般來說孩子的實體環境是大人的環境。即使如此，我們還是可以設法劃出一個屬於孩子的角落，如果情況許可，孩子能有自己專屬的房間。不論何種情況，合宜的幼兒實體環境，一般而言應該考慮到：安全第一、兒童尺寸、有次序、整潔、明亮、柔和、空氣通暢⋯⋯等等。下面分別就家庭中不同部分的基本要求來看。另外，值得提醒的是，每一個部分都有一些可以營造出孩子「工作」可能的機會。年輕父母常常會覺得孩子精力旺盛，沒事幹，到處搗蛋。其實，稍微用些心，家中的每一個部分都可以找到可以讓孩子忙的「工作」機會。

臥房

孩子的空間應該用孩子的高度來檢視，例如蹲下來環視一下孩子的臥房安排。兒童床，或只是低矮的墊子。衣櫥，最好是孩子自己可以掛衣服的高度。玩具櫃、書櫃、儲藏櫃或收納盒等，應方便孩子自己整理。小工作桌椅，適合的小擺飾，例如相片相框，學習用的掛圖（例如鳥禽類、動物甚至世界地圖）。將孩子的臥室裝飾成適合孩子自己的空間，提升孩子的歸屬感。

客廳

如果孩子有自己的特有空間，那麼客廳可以保持為「大人的空間」。即使如此，空間內仍應排除可能造成危險的物件，例如尖銳桌角、懸掛過低的窗簾拉繩、易打滑的地板等等。如果孩子並沒有自己的特有空間，例如小家庭，將客廳或者其一角落安排成孩子的空間（暫時），那麼，除了安全的考慮，如何能夠收納整齊並保持清潔，就要多琢磨。

廚房

一個家，對幼兒可能最危險的地方應該就是廚房了。其中有開水、熱湯、有火、有瓦斯、化學液、電器、刀、叉、筷子等等尖銳物。但廚房對幼兒也最具吸引力。因為，其中有吃、有喝的，還有各式廚具鍋碗瓢盤，對幼兒來說可能都是誘人的玩具。安排得當，它可以提供孩子許多日常生活（PLA）和感官（SM）學習的工作機會。但顯然，安全的程序必須多用些心思，確保安全無虞。

浴室

對孩子而言，這又是個需要仔細考慮安全，但也可能是好玩的一個空間。安全的關注，主要在於熱水、溺水、滑倒（地面或浴缸內）。玩水是一個放鬆且柔和的活動，其中可以安排許多與水性有關的科學、感官活動，如船、沉浮、水壓、氣泡等等，另外也可以教導孩子盥洗清潔、洗頭、洗澡等工作。

玄關樓梯口

練習穿脫鞋子。對於正在練習走路的孩子，上下樓梯也是一種肌肉及動作發展機會。當然，確保安全仍是重點。

花園陽臺

如果住處有陽臺甚至花園，有植栽、引來蜂蝶昆蟲、鳥類等等，可以有機會讓孩子照顧、觀察、接觸動植物的生長、栽培，是不錯的自然科學的學習。

公園

如果附近有公園，應該多帶孩子到公園去更接近大自然。來去公園的路上，親子間的對話、互動都是難能可貴的。而公園中的動植物生態、來往的人們、發生的事物情境，對孩子來說都是可能的學習機會。當然，各種的安全考慮，以及適時、適齡的引導都是重要的。

至於其他各種場所、場合，例如傳統市場、家族聚會等等，只要能增加孩子的視野、見識，都可以引導孩子身歷其中，善用其吸收心智。至於電腦、手機等3C產品，我認為沒有必要太早引入給幼兒，原因是幼兒階段的成長發展重要面向，不論是動作發展、語言發展或認知發展等，3C產品能提供的實在不多。3C產品的無所不在，使得成人應責無旁貸的引導，若否，幼兒階段最需要的親密陪伴，可能都將被取代甚至被犧牲掉了。長年長期在3C「陪伴」下長大的孩子，他的實體認知、

感覺統合、人際及社會化的調適能力都將趨弱，青少年期成爲封閉的宅男宅女的可能就提高了，對EQ的發展十分不利。

以上都是針對孩子的實體成長環境的準備。接下來要談談似乎更重要的情緒情境。

情緒環境

非實體的、不可見的情緒情境其重要性不難推斷。幼兒敏感期的感知能力斷然不限於眼睛所見、手腳所觸，更多的感受來自生活週遭的情緒情境，而恰恰好我們要嚴肅地說，這正是成人容易忽略的事實。這就像一般父母以爲體罰要不得，卻不知道言語虐待（verbal abuse）後果是更嚴重一樣。冷靜想想，你的孩子在家裡，整體氣氛是溫和輕快的，或是凝重嚴肅，甚或是不時出現重磅的言詞交鋒，到最嚴重的爭論及肢體衝突（包括體罰）。有研究顯示，孩子在經常性的高張力環境下，他的大腦發展是限縮在求生本能爲主的腦幹區。而安全感高的孩子，大腦發展則轉向遠端主管高功能，如創意、協調、自制的前額葉區。果若如此，情緒高張力環境下，孩子的發展是否較傾向自保守成，而非積極進取、自信、創意呢？值得父母及主要照顧者好好思考。

幾乎無庸置疑的是，因爲孩子吸收性心智及學習的敏感期特性，使得孩子在兒童階段的人格形成，強烈地受到日夜長期相處的父母或主要照顧者（可能是長輩）的影響，包括其有意

識或無意識的導引。如此想來，孩子成長環境的準備，除了父母要盡量以身作則外，怎能不好好思考如何為孩子打造一個合宜的情緒情境呢？前文談及的孩子發展螺旋中觸及和值得期望的一些人格特質，包括獨立（負責）、自制、創意等等（第五章），都有賴於父母打造的「準備環境」。

家庭環境中的各種學習

孩子長大到成人的過程中，主要有三大環境，即家庭、學校、社會。孩子年紀越小，家庭環境的影響就越大，隨著孩子長大，學校的環境開始加入，再長，社會的環境就越來越重要。教育階段中，三大環境其中仍以家庭環境居於主導的位置。幼兒階段，家庭環境十分關鍵，孩子的大部分成長基礎來自家庭，父母的角色尤其是母親（主要照顧者、孩子出生後的第一個「老師」）非常重要。如前幾章所述，幼兒正值吸收心智及學習的敏感期，父母的一聲一笑都可能成為幼兒吸收模仿的對象，父母的人格特質再再影響著孩子，甚或深入孩子的意識或潛意識之中。因此，談到孩子在家庭環境中的學習，第一元素正是父母本身的榜樣。除此之外，幼兒階段有多方面的發展和學習，這裡我們首要提出的是語言發展、動作發展和認知發展。這三方面的發展，從孩子一出生即啟動，而且在家庭的範圍內，隨處充滿了學習的機會。例如，父母和孩子間的對話、講故事、唱歌都是語言發展的活動，成人只要略加用心，都不難開發成一個孩子語言發展學習的機會。而幼兒的拿取物品、搬動物件、依「規範」走路（如走直線、用腳尖走、單腳

站立）、坐姿、蹲下等等也都可以成為一種動作發展協調的練習。而認知發展、邏輯、區辨能力練習更是隨處都是。以下再從不同領域來看。

父母常抱怨孩子精力旺盛，不知要給孩子做什麼好。其實只要細心些，不難為孩子安排許多工作和學習的機會。以蒙特梭利幼兒教室內之學習分類作參考，在家中範圍內，我們同樣可以有下列的學習例子。而在家庭中的工作，「就地取材」、「親自動手」、「讓孩子有參與感」，是幼兒在家工作的基本原則。

日常生活練習

任何家中的活動，只要是在孩子能力範圍內的，都可以動動腦筋略加修改，即可讓孩子參與。例如，晾衣服、摺疊衣物、擺碗筷、收拾房間。須注意的是，孩子可能作得並不完善，不要用糾正的心態和語言，而是用引導和好玩的態度，就算孩子真弄不好，私下再快手快腳修正好就是。如果是例行家務事，能讓孩子的活動轉變成幫忙的習慣，那是最好，但是需注意引導技巧，不要讓孩子感覺是一種強制的工作，這和自然養成的「習慣」有別。

感官訓練

幼兒階段孩子的眼、耳、鼻、口、觸覺、體感等等，都處於發展過程中，細化、強化它們的發展都是必要的。我們在前

面談到大腦神經元聯結時，說到外來的刺激（stimuli）或訊息促成這些聯結，各式感官作為外來刺激的接受器，其敏感度分辨力很自然的影響接受訊息的能力。例如，我們可訓練孩子分辨各種樂器（或者只是不同的發聲體），不同顏色的階層變化（如深紅到粉紅等等），不同粗細的變化，輕重的感覺等不一而足。家庭情境中只要稍加留意必有許多隨手可得、適合孩子的工作。

語言

　　語言發展不外聽、說、寫、讀。「說、聽」需要兩人以上，因此必須有成人共同進行，成人利用這機會引導孩子說與聽的能力，同時也培養親子之間的關係，留下共同的回憶。「說、聽」可以只是輕鬆的對話，也可以帶有主題的，不論何種，應避免讓孩子感覺是一種「硬」的學習，例如帶著對錯的批判。清楚說、耐心聽，是成人需要本身示範並教導給孩子的態度。相對於「說、聽」，「寫、讀」可以是孩子獨自進行的工作，通常是孩子帶著興趣，因而可以逐漸不需成人時時在旁陪伴。不過，要孩子能被工作本身吸引，前提通常是孩子有了一些良好的習慣，或孩子有很高的安全感，這需要一些功夫和配套。例如，一些孩子有興趣的書，紙筆本子，自己的空間甚或自己的小桌椅。顯然，孩子一旦有了寫、讀的習慣，他在家庭之外一些需要安靜、等待、耐心的場合（例如搭飛機火車、在餐廳等待上菜前等等），他可以是一個動靜自如的孩子。

數學與邏輯論述

　　孩子的大腦早期發展和他的生長環境息息相關。在蒙特梭利教室內，有組織有序的教具擺放，有教具依程序取用、操作、歸位的訓練。PLA教具從配對、序列、相似、分類等等的訓練開始，對孩子的大腦進行結構性的邏輯和理性訓練。顯然，在家庭中類似的練習也隨處可得。例如，餐具的擺放就是一種餐具和座位的配對，如果再加上家人和座位的配對，就形成一種特定次序。孩子對於次序有天生的敏感，因此，任意更動座位（如果原本每個人位置是固定的），對幼兒而言是破壞次序的行為，他是會抗議的。孩子的作息時間規律也是一種次序，事、物可重複、可預測對孩子來說都是有「邏輯」的，可以提高孩子的安全感。反之，無序、隨意改變、不可預測的事、物都會引起孩子的不安全感。家中並非系統性教孩子數學的場所，也沒有必要如此安排，但是，數學思維的練習卻是必要的。例如，樓梯有幾個階、家裡有幾個人、弟弟出生後變成幾個人、男生有幾個、披薩要怎麼分、誰比較老……。當然，更深層次的邏輯訓練，其實隱藏在我們經意或不經意的行事風格，和日常對話的語言之中。如果，成人對孩子做了一件「無厘頭」不合常理的事，孩子的心智中即可能形成類似邏輯，之後，他可能以這邏輯去回應類似的情境。說到家庭中的數學心智和邏輯訓練，也許最直接的方式就是家庭中的成人以合乎邏輯、理性的言、行來影響孩子。搭配一些正式的邏輯遊戲或工作也是不錯的。邏輯思維及清晰的語言表達能力，不論哪個年齡，一直都是教育的重要目標，也是我們的孩子有待加強的部

分。

科學

　　家庭環境中的幼兒科學訓練，主要還是針對家庭中可見的
一些物理現象進行觀察、重複操作，並由成人加以解釋。上述
的數學及邏輯訓練很自然的也是其中的一環。空氣、水、光的
一些現象及應用就可以設計出很多的科學遊戲出來。燈泡的原
理、物體在水中的沉浮、磁鐵的吸附與否、封閉瓶中蠟燭的熄
滅、水的沸騰、紙飛機的飛行、植物生長觀察、小動物觀察等
等，孩子都會好奇。給予科學的說明，讓孩子動手做、玩，引
發孩子的想像，保持他的興趣，孩子在家中的工作又多了一個
方向。

藝術

　　包括畫畫、音樂、舞蹈、工藝等等不一而足，都是孩子在
家庭中學習很好的取材方向。從準備好材料、工具，示範給孩
子看，孩子模仿著做，到孩子自己從其中找樂子。欣賞樂曲、
聆聽辨識樂器、練習樂器……有太多的可能性在其中，如何引
導孩子的興趣進入其中、經歷其中，而不以現實的成就做爲前
提，相信孩子的視野必能放大不少。

體能及營養

　　幼兒正在身體發展階段，體能動作均應該得到充分發展，
因此，戶外的活動不可少。跑步、較長距離的走路、適齡的負

重攜帶物品，都可以考慮。一天的運動量充足，胃口好，睡眠足，作息正常穩定，孩子的精神飽滿，身體自然強健。營養的攝取主要來自豐富多元的三餐，娛樂性的零食偶而提供，避免過量。如此，即使偶而風寒、小恙亦能快速康復，就像身體免疫系統的演習一樣，「養兵千日，用在一時」，平時能隨時保持良好的生活習慣，孩子也不致孱弱多病。

孩子的成長環境責任在父母。這前三章我們從「了解孩子」特性、天性，談到「準備環境」。這「準備的環境」，是依據對孩子的特性了解而來的。因此，我們在思考並準備或者調整孩子的環境時，宜不時的反思：「我們的環境安排是否符合孩子的階段特性？」過猶不及，例如，孩子的「吸收心智」天性使得他可以快速學習許多東西，因此我們為孩子的課餘時間，填滿了才藝課、補習班，孩子可能時時要面對成人「驗收成果」，面對競爭比較。看似順理成章，卻忘了孩子的安全感、孩子的步調、親自動手完成的成就感與自信心及自我（identity）的建立。發展藍圖上一些優質人格特質的連續發展，可能因為密集緊迫、機械式僵化步調而「斷鍊」，無以為繼了。幼兒階段是建立人格特質基礎的階段，按部就班，需要相當長時間「細火慢燉」的功夫，善用並尊重孩子的天性和步調，自然而紮實孩子的發展過程，循著發展藍圖盤旋而上。擔心孩子輸在起跑點，「快火熱炒」、「揠苗助長」反而可能「欲速則不達」，讓孩子輸在終點呢。

最後，關於幼兒的成長環境，我想再次強調一個觀點，就是成人給予孩子指引的一致性。包括不同時間前後的一致性，成人間的一致性，不僅是父母與教師間，更是父母、長輩家人間的管教一致性。孩子入學後，學校教師會引導孩子遵守一些規則，例如教室內的常規，人際互動的基本準則像是「請、謝謝、對不起」。因為同儕的相互影響，在園內通常孩子也都會一致遵守。然而出了學校，如果我們不在意這些，甚至我們自己也不這麼做，久而久之，孩子自然會發展出兩套反應：在老師面前要做，離開學校就不用做。我們前面多處已經討論很多孩子「吸收心智」的模仿特性，孩子在老師前一個樣，回到家另一個樣，這並不少見的。父母長輩間不一致的管教標準，孩子自然也會有不一致的回應，甚至會用一方的標準去對抗另一方的要求，造成父母長輩間的爭執。因此，孩子成長環境中的成人如何盡可能溝通良好，保持一致的管教標準，確實是成人相當有挑戰的工作。只要求老師「把孩子教好」是不夠的。

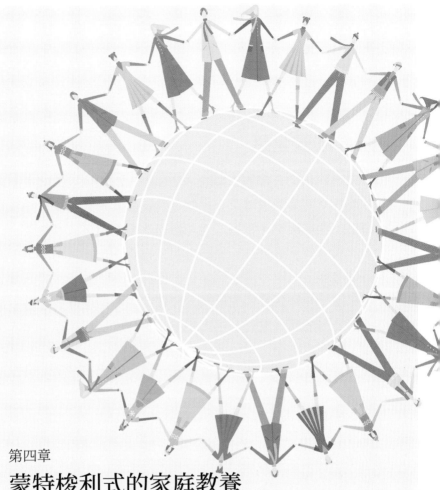

第四章

蒙特梭利式的家庭教養

前面我們在「了解孩子，準備環境」的架構下，談了許多關於孩子「教育」的課題，在這個章節我要轉到「教養」這個方向上。廣義來說，教育應該包含這章節的教養話題，偏向人格養成的環境，及親子關係的營造方面來討論。前文述及的重要的概念，我將不厭其煩的重複。這其中我們運用到蒙特梭利的理念、專家研究成果和我們二、三十年來的幼教現場經驗及推定，希望對有興趣和有心經營親子關係的年輕父母提供有用的方向和建議。

一、談安全感

我們在第一章的「傾向」章節中，討論到人的求生本能，在現代文明生活情境下，已轉化為確保安全，而安全感可以解讀為：理解環境、掌握環境，進而改變環境，以利生存。求生本能的總效，更使得人類的文明（物質文明、精神文明）因而得以進展。奧地利精神學家艾利克森（E.H.Erikson）在1950年提出，在個體發展的早期，發展的課題是要個體建立對世界最初的信任感。嬰兒初生，如果受到父母良好照顧，尤其是母親，如能夠對嬰兒採取慈愛溫柔的態度，並且這種慈愛是持續的、一貫的和可靠的，嬰兒就會產生最初的安全感，並延伸出對於他人及世界的信任。稍長他並將感覺到自尊、自信以及對現實和未來的確定感和可控制感。

安全感是孩子情緒行為的重要指標

二十世紀的德國心理學家凱倫霍尼（Karen Horney）認為兒童在早期有兩種基本的需要：安全的需要和滿足的需要，這兩種需要的獲得完全依賴於父母，當父母不能提供兒童這兩個需要時，兒童就會產生不安全感。這些情境例如，父母對兒童過度支配、冷漠、缺乏溫暖、不公正、不守信用、充滿敵意的氣氛、迫使兒童在父母的爭執中選擇一方等等。由於孩子自覺的渺小和無助，必須依賴父母，因而必須壓抑對父母的敵意，這種壓抑的直接結果使得兒童把敵意投向整個世界和整個社會，使兒童認為外界的任何事物對他們來說都是不安全的，

這就導致了安全感的不足。幼兒階段由於其環境多屬居家的環境，因此父母或主要照顧者的教養態度取向，很自然地直接影響幼兒早期的人格發展。以當前的社會型態來說，小家庭、雙薪、工作時間長、壓力大、父母皆年輕氣盛爭執難免，對於幼兒來說這樣的環境的確不易溫柔慈愛。這無疑是年輕父母很大的挑戰，如何避免在事業成就和不疏離的親子關係間做兩難的抉擇和平衡，的確需要年輕的父母在孕育孩子前，思考並有所準備。例如：1.及早意識到教養孩子需要有實質和心理上的準備。2.父母或主要照顧者之間，慎重磋商如何相互提醒及扶持，給幼兒一個慈愛而安全感充分的成長環境。我的勸戒是：成功的事業難以彌補破碎的親子關係，親子關係需要自小培養建立，而且不能從新再來。如果事業是一種重大投資，親子關係難道不也是嗎？最終當我們年華老去回頭看看我們手上抓了些什麼時，如何無悔？

　　從前面的一些論述，我們可以說安全感是人類遠古以來求生本能的一環，對現代人來說，躲避洪水猛獸不是主要的考慮，安全感卻是現代人的必需。再從第一章所述大腦發展的角度來看，科學家相信人類大腦演進是從求生本能的腦幹逐漸往前延伸到高功能的前額葉。前額葉被稱為大腦總司令，協調指揮大腦各部位。前額葉具有許多較抽象的高功能，例如，創意、計畫、彈性、情緒自制等等被稱為「總裁功能」的能力。正如前面「情緒環境」章節所說，心理學家提醒到，一個處在經常性壓抑環境的孩子，大腦發展會較集中於求生本能的部

分，意味著較高功能的大腦發展可能延緩發展。其對幼兒的成長發展影響不能輕忽。

　　前面已經描述到一些讓孩子感到焦慮不安全的一些情境，情境林林總總，對幼兒來說，安全感的基礎則可粗略簡化成環境（實體及情緒）的「可掌握、可預測、可重複」。若掌握這些原則，可有助於判斷什麼樣的作為或情境會引起孩子的不安感。例如，我們在前面說的「穩定的情緒情境」就符合可預測的原則。一個持續嚴厲的父親，不會比忽嘻笑忽怒罵的父親對孩子造成更大的不安。前面章節提到的幼兒「次序敏感期」，若與本節討論的安全感結合，也可印證「可預測」和「可重複」對於幼兒情緒的影響。準此，幼兒應該要有一個穩定作息時間，這也是前面章節提到的。突然改變孩子的習慣或是與孩子的應對方式，例如，原來媽媽接送孩子突然是爸爸接送，突然改變吃飯餐桌上的位置，似乎微不足道的變化，都是可能引致孩子不安的原因，而越小的孩子（2至4歲）越是如此。當然，生活中許多變化不時發生，要避免孩子的不安，視其可行，可以用孩子能了解的方式加以說明，或以提前預告的方式（如：「媽媽沒空，今天放學是爸爸會來接你」），而較重大的改變（如：調整作息），則盡量以漸進的方式調整。有些改變是無法預知的，這時要記得孩子是有不安的「權利」，這時孩子的情緒反應，宜用理解、安撫，而避免以孩子「胡鬧」為由而處罰的方式。這些都是一些技巧，原則上應記得，孩子的鬧是因為「不可測、不能掌握」，不是因為「不喜歡你」或

「不乖」。

　　平日生活中有許多刻意或非刻意的「不可測、不能掌握」，對孩子來說，面對這些「不可測、不能掌握」，如果我們的回應方式經常是合適的，那麼偶而回應不當，對孩子的安全感影響不大，孩子的情感也沒有那麼脆弱。然而，若是慣常性的挫動孩子的安全感，那麼，安全感的不足就會成為孩子偏差行為的原因，偏差行為又造成孩子自己安全感進一步的下降，惡性循環因此形成。這樣的模式，若不幸持續一段時間，因為親子間層層套疊的情緒化互動言詞及情緒激化，很可能形成不易逆轉的模式。這也是我經手到的一些案例，何以會看似無解的原因。「解鈴還需繫鈴人」，親子間互動模式的調整主導，自任何面向來看都應是成人要主動改變而非孩子。「大人不改變，孩子不會改變」。因此，「了解孩子」是第一步，營造環境及合適的互動模式是緊接的第二步。

安全感是孩子探索、專心學習的條件

　　如前所描述，當孩子處於焦慮的狀態，他的心思是集中在「求生本能」，而不暇及於「擴展發展」。沒有安全感，不一定需要來自於重大的負面事件，孩子經常不經意的「被否定」，不安全感更常見而且持續。如果孩子不時的被「糾正」，一言一行不時的被挑剔、評論，成績、學習成果常常被拿來比較，這些都足以構成安全感不足。而親子時間的長短和品質都要考慮，陪伴孩子的時間長也並非必然正面。如果平日

和孩子相處的時間不多，固然無助於孩子的安全感。無時不刻在孩子身邊，觀察太瑣細，叮嚀「指導」太多的「微管理」（micro management），也是親子危機的一種。這時，孩子成了聽令行事的「機器」，他的意志被成人取代（substitution of will），他因孩子的一些天性被壓抑，終究要反抗，而這反抗如果沒有被合適回應，反抗將會升級，而形成惡性循環。

幼兒的學習重「過程」，不是學習的成果好壞。這和成人的認知不同。在教室中，孩子被引導進入一個教具的操作，當孩子進入狀況時他的眼神十分專注，他會試了再試，重複再重複，這過程可能很長，直到成功。當他順利完成工作時，他的表情十分明顯的表達：「我會了。」孩子的工作目標是，親自經歷每一個「新奇」的事物。所以，以下的情境要避免：如果妳是忙碌的母親，當妳照顧孩子時不要為了「效率」，匆忙中忽略了孩子「親自」動手的機會、忽略了孩子的成長「過程」，需要由他「自己」親身經歷。如果妳是全職母親，妳有很多時間來為孩子安排，也別忘了，孩子的成長，需要「他自己」親身經歷，不要任何事都幫他做完了。此外，觀察孩子很重要，但巨細靡遺的介入，卻對孩子不是好事。觀察，有時是一種耐心，你看到孩子碰到麻煩了，但你也耐心等著「欣賞」孩子會如何處理。妳需要「神經粗些」，只要沒有安全顧慮，無傷大雅的事，何妨樂觀其成，等看看孩子要做什麼，也許妳會驚喜地觀察到些什麼。放慢步調，這將讓你和孩子的生活中更多樂趣。

安全感與邏輯發展有關

　　這裡指的是較小的孩子，幼兒的邏輯能力尚待發展，他們看待事物由學習簡單的因果關係開始。一個沒有規則、沒有次序的事件，是不可預測的，因此也就是「不安全」的（甚至威脅求生本能的）。事物的邏輯，以孩子能懂、能掌握的方式呈現，就能提升孩子的安全感。這也呼應了前面討論到的幼兒「次序敏感期」，有「次序」的事物也就是可預測的、安全的。對幼兒而言次序就是一種邏輯，原有次序變了，就不符他的「邏輯」，就不再感到安全了，如此而已。

安全感是相對的

　　一個很少得到稱讚的孩子，安全感通常也不高。如果得到稱讚，那種鼓舞是大的，安全感也將相對提高。但是，相對的，如果一個孩子太多掌聲，尤其是不實在、不由衷的掌聲，那麼它對於安全感的提升沒有什麼幫助。然而，如果一個孩子習慣過多掌聲，一旦掌聲少了，孩子反而感到不安，需要不斷尋求確認，可能因此事事想爭第一、爭贏。但是不可能每次都第一，久了之後，也可能轉變成不願嘗試新事物，怕不成功而得不到掌聲。因此我說：「掌聲太少的孩子，『贏』不起；掌聲太多的孩子，『輸』不起。」這也反證了蒙特梭利認為「（外在）獎賞和處罰都是非必要的」、「最好的獎賞來自孩子親自完成工作的自我成就感（內在）」。可惜，我們的社會價值裡，設計了太多的競爭和獎賞，孩子不但很難逃脫這種框限，反而習慣於這種事事競爭，沒有贏就是輸了的價值模式，

不時在挫折感之中。父母在面對這樣的外在競爭模式，如何忍得住不必事事比第一，而是一步一腳印，紮實布建基礎，不急著比較，保持孩子的興趣和信心更重要。嫩芽不需急著面對風暴，它也許更需要呵護扶持，直到能玉樹臨風。當然，不急著和別人比較，不表示他不能「和自己比較」，今天能比昨天好，那才是自信的表現，而不是空泛的自以為是。

穩定的情緒情境有助孩子的安全感

實體的或情緒上的情境穩定與否，是會影響孩子，尤其是幼小孩子的安全感。下面的一些例子都是常見的狀況。我們甚至可以說「穩定」的情境比「好」的情境更重要。舉例來說，一個平常沒有太多時間陪孩子的爸爸，見到孩子後玩成一團，突然一件事發生了，爸爸勃然大怒……。整個情境會讓孩子覺得爸爸「不可測」，而感到不安。父親也許想補償一些失去的親子時間，反而弄巧成拙，十分可惜。孩子對於是非對錯的認知不如成人，對於孩子「犯錯」的認定需要穩健、同理，耐心教導引導，避免孩子經常地要面臨「大審」，經常的強大情緒反差，對孩子的人格影響也就是強烈的。

有關「安全感」的例子

「入學適應期」——初次上學對幼兒絕對是一個「大衝擊」。孩子將面對好幾個大的變化：作息時間變得早出晚歸、由熟悉的家到進入陌生的教室、由熟悉又能予取予求的媽媽變成陌生的老師、由一人獨霸到全班滿是霸王……。這些不確定

的改變，都是低安全感的，也就使得孩子上學的情境轉換，需要一段適應期，哭鬧一陣也就難免。這種情況有時被稱為「分離焦慮」，不過，孩子的適應能力其實比大人強，「分離焦慮」反而常是父母側的狀況較多。有經驗的老師會引導父母：慈愛而堅定地向孩子道別、放學準時來接孩子、耐心而帶笑容地聽孩子的「訴苦」，而不呼應他的「復舊」要求，不要輕信他對上學的「指控」（常見的有：同學打我、老師打人、好無聊、不好玩……）。過幾週，你就可能看到他放學時賴著和同學玩耍不要回家，甚至說「家裡很無聊」了。如果不明就裡回應著孩子的「控訴」，情緒相互激盪，不但可能拉長了適應期，而且由於誤會而與幼兒園或老師間產生不信任，甚至非善意的互動，這些對孩子的安全感、人格養成、社會化發展都是不利的。

如果沒有心理上的預先準備，家中「添新成員」，弟妹出生前後，對幼兒來說都可能是一種安全感的威脅。原因其實不難了解，有弟妹之前，父母的關愛、注意力全落在一個孩子身上，添了弟妹之後，對排行老大的孩子，他能得到的關注可能將連原有的一半都不到。畢竟，剛出生的孩子吃喝拉撒睡已讓父母忙翻了，加上初生嬰兒總是較討喜，老大自然就被冷落了。此時，孩子可能出現爭寵、引人注意的行為，甚至偏差行為也跟著出籠。如果因而被討厭或處罰，他的偏差行為就可能升級為報復，較棘手的是這些報復可能是隱匿的方式，如果不能警覺、調整，不但是親子間的問題，而且也影響之後的手足

之情。當然,輕微的爭寵可能以行為「退化」的方式呈現。例如,要求和弟妹一樣喝奶瓶,學弟妹哭鬧等等模仿動作。發生這種狀況,父母儘量要用孩子的角度看待。因為,這是孩子面臨安全感低落時的「求生本能」。要事先避免或降低這種情況的嚴重性,有兩方面可以考慮:一是,媽媽一旦懷了第二胎,就要開始準備老大的心理。可以訴說有弟妹作伴的好處,可以借由回顧他的初生時,爸媽如何無微不至的照顧他,預告說明弟妹將得到的照顧都是他曾經有過的。甚至可以提醒他,他和爸媽是「同一國的」,他應該幫忙爸媽一起照顧弟妹。另一是,在弟妹出生後,照顧嬰兒的同時,應不時留意老大的感受。媽媽忙的時候爸爸可以多陪伴老大,而且應該「製造」一些機會讓老大能夠「幫忙」、參與。偶而,也可以考慮讓爸爸去處理嬰兒的事,媽媽則陪陪老大,讓孩子安全感能夠不時得到一些補充。老大的調適期可能超過一年,端視父母如何安頓老大的安全感。

「父母失和」也是使孩子安全感低落的常見原因。夫妻間意見不一,有些爭執勢必難免,但是看在孩子眼裡他可不管誰對或誰錯(認知上也常不懂),孩子心目中父母都是他的最愛。爭執讓孩子非常難堪難以選邊,如果爭執是關於教養方式,甚至孩子會覺得爸媽吵架是因為「我不乖」。如果一方硬要或引導孩子選邊站,若干年之後,孩子成年了仍將重新判斷這些對錯,只是童年已逝,親情不再,何其不幸。因此,父母家人間如有爭執,應盡可能避開孩子,這是為了孩子的「情緒

情境」著想。

　　「頻繁的偏差行為」很可能正是反映孩子安全感低落的狀態。而偏差行為因為必然得到一些「反制」，例如打、罵，使得原本低落的安全感，繼續受創而更形低落，成了惡性循環。這樣的發展長期若未能找到解決的新模式，孩子可能走向不易逆轉的狀態，呈現表面服從的一種無能狀態（display of incompetence）（下一章節）。對幼兒而言，這其實已是「偏差行為」的最壞狀況。這樣的（假）服從，是因為孩子無能反抗又需要依賴成人，而產生的自保反應。可以想像孩子的大腦發展退回到「求生本能」，無暇顧及較進階的前額葉發展。同時，急迫時的求生本能反應是「反擊或開溜」（fight or fly）。孩子會學到如何逃避事情、推卸責任，另一方面，也會學到「相信拳頭」、「暴力可以解決問題」等侵害性的態度。顯然，當有跡象進入這種惡性循環前，必定是成人需要警覺到，而且主動調整改變回應孩子的互動模式。較好的互動模式百百種，因人而異，但掌握關鍵，根本還是在於回應孩子的方式，不要進一步打擊孩子的安全感。如果時時記得「安全感」這個指標，相信我們即使在氣頭上，我們的動作也會收斂一些吧。萬一一時之間處置過當，也應能很快意識到而加以彌補，不至於使得孩子長期處在抑鬱不安的環境下。

　　孩子不安的原因總是來自環境，環境中的人或事。除了上面談到的較重大的原由，其他較輕微，但值得注意的像是環境

改變，例如搬了家、換了間教室、換了餐桌上座位的位子、打亂順序的空間安排等等。接下來我們就談談一些有助孩子（尤其是幼兒）安全感的作法。

1.有規律的作息時間
「日出而作，日入而息」，原本就是一種生理規則。對幼兒而言，從小建立規律的作息，不但符合孩子的「次序感」，也有益於孩子的安全感。我們前面提到，對孩子來說「可預測、可重複」就是一種安全感。時間到了就該做什麼，習慣成自然。不少父母都遇到有關於孩子不睡覺的困擾，就正是未能從小養成規律作息的習慣。當然，偶而例外，例如跨年守夜，不會造成困擾，如果事先與孩子約定好，這是「例外」，不是改變作息。

2.有次序的實體環境
家中的環境應該有它的次序邏輯，孩子有自己的房間或角落，尊重他的擺設等等，尤其是屬於孩子的空間，整潔有序，不應任意更動。如有變動應盡可能與孩子取得共識。

3.穩定的情緒情境
「環境」包括可見的實體與不可見的氛圍。家庭的情緒情境時時影響著孩子，無妨隨時檢視家庭中的情緒情境是屬於偏嚴肅、偏輕鬆或者起伏甚大或穩定。我們相信家庭氛圍無論偏嚴或偏鬆，穩定很重要，一位穩定嚴肅的父親也

許比喜怒不定的父親好些，因爲可以預期。對孩子來說穩定是「安全」的。

4.讓孩子有被愛的感覺

「愛」不容易被清楚的定義，但是，親子之間的愛，孩子很容易感受到。口頭上說的「愛」，不及一個溫柔的微笑和眞誠肯定的表情。對孩子情感的表達，必須是眞誠自然的那一種，孩子雖小卻能精確地判別大人是否言發自其衷。

5.建立規則、紀律

談孩子的安全感，紀律規則似乎是反其道，紀律規則不是像處罰、像沒有自由嗎？當然，如果我們把嚴厲當成紀律，把不問合理與否的規定當成是規則紀律，它給予的感受的確更像是「不安全」的而不是安全的。我們在前面說到「安全感」是「求生本能」掌握情境時的一種感覺指標，這與能否掌握環境與掌握事物的因果、來龍去脈直接相關。因此，邏輯上來說，清楚可遵循的規則或法則，對孩子們來說是「可預測、可重複」的。因此，事物的合理規則、行爲的有紀律，讓孩子有「跡」可循，所以孩子是感到安全的，而不是相反。所以我們應該反思：如果我們的規定、規矩讓孩子感到不安，是否表示我們所定的規定是不合理的？如果沒有不合理，孩子不應不安才對。十字路口的紅綠燈，給了我們通行時間的限制，但是，它給我

們不安感，還是安全感呢？就像稍早所說的規律作息，孩子一旦養成習慣，他是一種「不假思索」的安全感。我們常觀察到，一個蒙特梭利教室內的大班孩子上學，進了教室後的表現像是如魚得水，自然而熟悉的放好書包、穿上圍兜，自己走向今天早上想要做的教具，就開始了一天的學習。教室常規、道德常規都是他習以為常的規則和紀律，他的安全感是極佳的。紀律規則不但給孩子安全感，而且是保護孩子的。經驗告訴我們，只有沒有紀律或濫定規則的教室才是混亂的教室。家中是否也如此呢？

6.安全感來自於人，也可以來自事物

經驗中，不少的父母理解到孩子的安全感很重要，因此小心翼翼的深怕孩子安全感不足，隨時陪在孩子身邊，而孩子也緊緊貼在父母左右，大小事都有父母的影子。結果卻是父母幾乎完全沒有自己的空檔、要窒息了，而孩子的安全感似乎也不怎樣好。我想有兩點要提醒，第一點是，前面我們提到安全感是相對的、對照的。如果對孩子的呵護過於細瑣，孩子一旦習慣了，自然事事等著成人的指令，依賴性越來越強，直到成人受不了。而且，只要父母的呵護因為一些情境的變化（工作忙了、嬰兒出生……）而減少，孩子的安全感反而因為過去的基準太高，對照下，而顯得減少和下降。如果孩子以偏差行為反映，成人通常難免也回以情緒（父母心裡想，我一直對你呵護備至，你卻如此不乖……），讓孩子更加不安。惡性循環一旦形成，

常常很短時間裡，親子間互動關係就翻轉惡化了。這樣的演變，再次提醒我們，對孩子的照顧，並不是以用罄自己的精力為原則，而是要用些腦筋，有智慧的、有教育意義的方式來引導孩子，並且知道何時「放手」讓孩子可以「上手」。

因此，注意到孩子的安全感可以來自事或物。例如，一個孩子有興趣的工作。以孩子的好奇、探索、自學本能的天性，這應不難找到（畫畫、拼圖、堆積木……只是最簡單的例子），再加上適時順應孩子工作中需要的引導與適度的關注，孩子一旦上手並從中得到樂趣和自我滿足的感覺，他的安全感來源就增加了一些。也就是說，孩子不會只要父母陪在身邊，因為他的安全感有了更多的來源。如果陪伴方式是適當的，隨著孩子一天天長大，他將可以由父母隨時陪伴在身邊，過渡到只要父母在房間裡就可以。接下來過渡到，只要父母在家裡就可以。一旦達到了這樣的模式，親、子各有自由度和空間，成人更多時間冷靜思考安排下一步如何引導、陪伴孩子。這就是親子陪伴的良性循環。

總結來說，對幼兒而言，一個有安全感的「準備的環境」，就是父母為孩子準備一個實體上有次序，情緒上溫和平穩，行事合理有邏輯的環境。在建立起來這樣的環境之前，需要父母的意志力！

二、管教模式與幼兒偏差行為

　　管教的模式理論和研究衆多，本章我們將引用柏克萊大學知名發展心理學家波姆琳（Diana Baumrind）所提出的四種管教典型和其呈現的孩子徵兆。另外，奧地利心理及教育學家德雷克斯（Rudolf Dreikurs）關於幼兒偏差行爲的論述及偏差行爲的處理技巧也一併討論，其中我們也會不時引用到蒙特梭利的幼教理念。書末參考資料中我也列了幾本有關管教，可供參考的書籍[9-18]。

　　在開始探討管教模式前，我想先提出三條我所謂的親職守則，對孩子的「處置」不應逾越這些守則。這些守則是我數十年來，在幼教現場不時提醒自己和父母的：
　　「親情是天生的，愛的方法卻需要學習。」
　　「管教應以愛爲基礎，以造就孩子爲目地。」
　　「親子共處重要的不僅是時間的長短，更是它的品質。」

　　孩子出生在我家，我對他的愛是天生成的，做爲父母我了解愛是什麼嗎？我愛他的方法正確嗎？也許因文化背景，也許是私心，許多父母把孩子當成「個人財產」般，認爲可以隨意處置。做爲現代人，我們知道這是不合時宜的，但是什麼是合宜的愛孩子方式？當然，爭辯下去，它更像是一個哲學的命題，較入世的一個目的也許是：我希望他是一個「有出息」的人……。人是群居的動物，人與人之間的互動需要「公德」、

「道德」，因為那是人之間最合適、互利的模式。我們給孩子的愛除了天生的情感，也在引導他們「仁民愛物」（從對待自己的父母、手足、同儕開始），引導他們對周遭的世界有正面的感受。「愛」，不應只是嬰兒期無微不至的「吃、喝、拉、撒、睡」的照顧。「愛」，不應只是「有求必應」、「予取予求」。「小愛」是情感多，溫室裡的愛。「大愛」是理性多，風雨裡仍屹立不搖的愛。孩子從嬰兒時的呀呀討喜到長大時能夠玉樹臨風，所恃絕不僅是小愛而已。孩子的成長過程及人生是努力奮進的，所以，父母的「愛」是引導、教導孩子成長、奮鬥過程中遇挫的潤滑劑、支持力，而不是目的。所以「愛的方法要學習」。

「管教」是陪伴孩子長成的方法和手段，是需要理性的，因為管教的目是造就孩子，是「教育」的機會，而不是「教訓」或甚至摧毀孩子的安全感。因此，以「愛」為基礎的管教最終才能成功。

眼下的社會，小家庭、雙薪的父母很普遍，我常會被問到如果父母工作很忙，時間有限怎麼辦？孩子的童年只有一次，不能重複實驗，孩子成長過程也是父母「重大投資」（不僅是指金錢面），如果我們的投入稀缺，自然不該期望成果豐厚。然而，時間的投入也不是越多越好，這是全職母親要注意的地方。全職的母親（或父親），也可能「窒息」孩子的天性，因為掌控太細（micromanage）使得孩子沒有「我」。

或者照顧太細使得孩子漸漸沒有自理事情的能力，完全由成人一手包辦。（如果孩子到了四歲還需要穿尿布，這是什麼狀況呢？）這樣的孩子，只像個大人的玩偶，失去了許多成長的天性，他是沒有快樂的。蒙特梭利說孩子的內裡有一個引領他長大的「內在導師」，成人要做的是「了解孩子」、「準備環境」。了解這個「內在導師」，並營造一個有利「環境」，讓這個「內在導師」可以出現（例如前面談過的傾向、敏感期等等），引領孩子的向上本性，周遭成人則加以配合，這稱做「自學的本能」。如果沒有這些理解，全職在家陪孩子不必然是一百分的。

回到「管教」，孩子在成長的過程中需要引導及鼓勵支持，有時也需要調整糾正以便回到軌道。然而，因求好心切，採取了強制、懲罰甚至暴力的方式，經驗顯示這些都是最無效，甚至有後遺症的做法，不但無法糾正孩子行為，還可能成為孩子模仿的負面學習，在心理面上可能留下長期傷痕。另外值得提醒的是，不良的方式不只是體罰，語言暴力（verbal abuse）的傷害，也可能造成更嚴重的長期影響。體罰傷身，言語傷心，傷口數日數月就癒合，心中的疤痕可能一輩子無法消除。在學校教育體系中禁止體罰，卻很難禁止語言暴力，值得關心。接下來我們來看看波姆琳的四種管教典型。

1.獨裁型父母（authoritarian）
這型父母通常嚴厲不慈愛，缺乏同情心，要求孩子絕對順

從，與孩子間距離遙遠，也不願傾聽或理解孩子的想法。
自孩子身上看到的徵兆是，孩子表面上對父母唯唯諾諾而
乖巧，畏縮不能獨立，不能判斷，但也不信任別人、不友
善、缺乏創意。一旦脫離父母掌控常不守規則，青少年期
則易叛逆，也模仿父母的嚴厲方式。

2.縱容型父母（permissive）

縱容溺愛孩子，認為孩子快樂就好，孩子不守紀律規則，
與大人同享權利，但不知負責。孩子的徵兆則是看似聰
明，事事有主見、有權威、指使父母或別人、衝動、不守
規則、不易融入團體。

3.輕忽型的父母（neglectful）

對孩子了解不夠、沒有時間，也沒有一定的管教主張，可
能忽嚴忽鬆。孩子則因為缺少父母一貫的引導，而顯得無
所適從、無所判斷。

4.可信賴的父母（authoritative）

和孩子間有充分的溝通與理解，尊重孩子的想法，但堅定
父母之教養責任。孩子因有充足的引導及規範，同時有相
當的自主空間和被尊重，顯得獨立、穩定、有責任心、願
意合作、社會化順暢也有進取的創意發想能力。

在嚴厲與縱容兩個極端之間，嚴厲容易讓孩子習慣暴力

的傾向，孩子內心的轉折是由被懲罰、感到挫折而形成攻擊的迴路。縱容則使孩子成長過程中無所適從，無能應對社會化過程中的挫折和衝突，人際關係不佳，而轉向暴力或封閉自己繭居並指使家人的結果。顯然社會化、人際EQ是管教模式的指標，而上述之四類教養模式中，威權式教養和縱容式教養都不是合宜的教養模式。第三類輕忽型的教養，則其實近乎縱容式教養，父母引導孩子的時間不多、不穩定。眼下社會的家庭型態，許多雙薪家庭父母忙於工作，孩子放學後或是流連於才藝課、補習班間或成了「鑰匙兒童」。一方面，家庭經濟情況也許並不差，父母甚或是有頭有臉的專業人士，另一方面，孩子的生活、學習狀況，父母不甚了了。即使有長輩協助，因為教養觀念不一致，或致公婆媳婦間齟齬，家庭成員間不合，或是孩子嬌慣不馴，親子間關係或緊張或疏遠，都是常見的狀況。社會新聞常見，青少年甚至青年的暴力或犯罪事件發生後，父母的第一反應是「不可能」、「不相信」，這種狀況常常就是「輕忽型父母」的反應。輕忽型的教養，正是因為與孩子的相處時間不多，或是相處時親子間關係是單方向的，互動品質不佳而且沒有深度，孩子有許多「祕密」父母不知道。無論如何，父母都應該盡量撥出時間，規律的與孩子互動相處，就算時間不長也可以用提高互動品質來保持親子關係。當然，「可信賴的父母」，還是最佳的模式，在這模式下就算偶有親子間的「不對盤」，它總還是孩子童年回憶中趣味點綴的一部分。但是要成為可信賴的父母，除了少數「天縱英明」（gifted）的父母，大部分的父母還是需要適當學習。

　　接下來我們需要談談陪伴孩子成長的過程中，若偶而遭遇到孩子的「偏差」行為，應該如何來應對。首先，還是要先提醒的是，如果孩子原來是「正常」的，卻突然有了「偏差」行為，通常總是有原因的。其次，此時他的安全感也通常是失衡的。因此，當孩子有了「偏差」行為，第一時間我們應該避免情緒化，而應保持理性，先思考探求原因。如果做得到這一點，問題將解決了一半。一般的觀察顯示，偏差行為惡化，常起於父母的第一反應失當（例如最常見的，情緒化）。問題能解決，大部分需要靠理性的應對，輔之以情感的安撫。別讓「教育」引導的機會成了「教訓」，使得偏差行為更惡化，並形成惡性循環。此外，也有一些情況是，親子之間的某種互動方式不良，形成了固定的模式。雖然，這種小小的親子間衝突看似無傷大雅，但是若持續發生，孩子的紀律和親情都很難深化。因此，如果應對孩子的某些行為，已形成固定模式且又是無效的管教時，最直接的方法就是「換個模式」。當然應是由父母自己啟動這種改變，不應寄望孩子主動改變。下面我們先看看受艾德勒（Adler）影響，並廣被接受的奧地利心理學家錐克斯（Dreikurs Rudolf）的目標論。他認為孩子的偏差行為都有目的，最基本的目的是，想爭得一席之地（掌控），顯示自己的重要性。亦即，孩子不良行為的動機都是來自於其錯誤的目標。因此，認知到孩子的目的，可以有助於決定我們的回應方式。而回應方式就是，讓孩子的目的「落空」（消極的），或者用更好的方式來滿足其目的（積極的）。他認為孩子有四種常見的目的（可能逐步升級）。

1.引起注意
孩子的錯誤推論是，只有在大家注意他時他才有一席之地。

2.尋求權力
孩子的錯誤推論是，具有權力才能證明自己的重要性。這類孩子最明顯的特徵是具有攻擊傾向，因此會需要更高的關注。

3.尋求報復
尋求報復的孩子覺得外界對他不公平，沒有人會喜歡他。他的錯誤推論是，傷害別人才能在社會中找到自己的地位。這類孩子可能在過去的經驗中曾受過傷害，並學習到錯誤的行為。

4.自覺無能
這種孩子將無能當作盾牌，任何事情都顯出無法勝任的樣子，避免任何可能失利的狀況。

上述理論的適用年紀包括幼兒階段。幼兒因行為能力較弱，因此他的偏差行為相對較易於調整，但是我們也不應輕忽其成因，反而應該更積極地，去除環境中加諸於幼兒的不良因子。

　　上述四種目的依序也可以看作是逐步惡化的四個階段。在幼兒身上最常見的是第一種，也就是孩子需要父母的注意及關心。事實上，幼兒需要父母的注意力，應該視為常態，也就是說，幼兒得到足夠的關注是親職的責任。記得我們在前面提到「安全感」的需求是幼兒「求生本能」，這也是蒙特梭利提出「準備的環境」的原因。當然，孩子如果需要「過度」的注意力（很黏人），這也有父母的責任在其中。這可能涉及到孩子過去的成長過程中父母照顧過度，孩子沒有獨立自理的訓練。這部分的理解需要回溯到前面，孩子發展藍圖的章節去。簡單的來說，當孩子偶而的需要我們的注意時（此時他的安全感是不足的），應合適地滿足他，或者在孩子並不需要我們的注意力時，他卻感受得到我們對他的注意力，這將大大提高孩子正常的安全感。如果孩子已經推進到「尋求權力」的階段，狀況發生時，孩子有爭權的行為時，父母應提醒自己避免氣憤，而且借由轉移或淡化的方式，主動脫離爭權的熱點或主題。忍耐、耐心才有可能逆轉孩子不當行為，讓情況往上回歸到更初階的「需要注意力」。如果不能忍耐而非爭個誰更有權力，那麼，不論誰輸誰贏，最終總是雙輸。若果孩子更進一步，往下惡化到「報復」階段，這可能表示孩子爭權失敗，這時孩子更相信權力有用。應對這種發展，父母更應忍耐冷靜看待，不要反擊。等待更佳時機再來化解爭論。很多情況下孩子的報復，不一定是父母直接造成，而只是一種挫折感的暴力表現，或孩子找不到更好的發洩方法而已。其實，最糟的階段是孩子「呈現無能」。如果孩子經常感到徹底的挫敗，例如報復時遭到父

母更強烈的反擊，他就可能逐漸轉成一種「失能」的狀態。表面上很乖（放棄爭權對抗），唯唯諾諾卻沒有表現。學習上則可能表現的沒勁、不願探索、不想嘗試新的學習、沒有信心、怕失敗。此時父母必須避免對孩子犯錯的挑剔，改以鼓勵其長處和特點來逐步改善。如果偏差是逐步惡化，要逆轉自然也是一步一步來，越長時間的惡化過程，需要越長的時間來逆轉。因此，父母的管教模式仍然是最根本的關鍵。如果從小，孩子犯錯時，處罰符合比例原則，「輕症不用重藥」，甚至不需用「藥」，「抗藥性」就不至於發生。孩子犯錯正是「教育」的機會，不是教訓。如果孩子得到的是教訓，就是一種情緒的結果，而不是理性的結果。孩子學習到的也就是情緒性的處理方式，不可不慎。

接下來我們可以探討針對偏差行為有哪一些處理技術。值得提醒的是，偏差行為處理多是針對結果，因此不論多麼有效，仍屬於「消極性」的。積極性的作為就是自始就避免讓孩子產生偏差的因素，「了解孩子」並採用前述「可信賴的教養」（authoritative）模式，才是釜底抽薪的方法。

三、偏差行為的處理技巧

處理幼兒偏差行為的技巧
常見的有下列幾種：
▲指導及預防（事前、教育，相對溫和）

▲增強（正面且有教育意義）

▲忽略（轉移注意）

▲隔離（脫離現場，較強勢適用急迫情況）

▲共同討論（引導，適用較大孩子）

▲特約時間（長期、穩定進行）

指導及預防

對幼兒指導糾正的有效性，依其時間點來看，依序是

事前（教育）

事後（秋後算帳）

當下（教訓）

最有效的時間點是，「事前」的提醒、規定，這時親子間尚未發生事件，沒有情緒，是屬於事前預想、預防，溫和而且具教育性的，甚至可以預先制定罰則。「事後」處理的好處則是可以另找「合適」時間，降低或避免事件情緒的影響。「當下」通常是較差的時間點，除非是輕微或涉及安危的急迫事件，應該減少或避免。因為事件當下，通常親子雙方都會有些情緒化，極易升級，不是理性處理的好時間，如非急迫，稍後再論也許更好。重點應該是避免在氣頭上的教訓，「深呼吸5秒」，轉為理性上的教育機會，孩子能學到更多應對的能力。

增強與忽略

孩子有偏差行為往往也是逐漸形成或惡化而來，如果在成形之初就阻止或加以調整固然最好，一旦成形要糾正則往往

需要一些時間，利用孩子表現正確的時候加以鼓勵，就是一種增強的作法。正面的行為應該增強，而負面的行為，輕微的甚至可以忽略但加以引導。增強與忽略應該交互運用。比較常誤用的是，增強偏差行為而忽略了正向行為。例如，每當孩子哭鬧我們才給予關注，卻常是情緒性的。孩子習於這種方式，一旦我們不理會或反應稍慢，他就升級，在公共場所常能聽到尖叫的孩子，就是處於這種模式。反之，孩子的正面的行為，我們倒往往視而不見。例如，孩子「好好講」的時候我們反而沒能耐心「好好聽」，孩子尖叫時我們才給予注意。這就是增強與忽略的錯用、倒用。另一重要原則是「比例原則」，小錯尤其是非故意的錯，其處置必須符合比例原則。例如，孩子拿水打翻了，到底要不要處罰？打翻水弄濕地板，可能是地板不平，可能是水裝太滿，可能是步伐不穩，太多可能。沒有「犯意」，處罰就不能重，甚至不罰，改為「教育」讓他學到一件事、一個方法。例如，水打翻，先看有沒有受傷的顧慮，接下來引導他去拿抹布，示範給他看如何擦乾淨、抹布放回去。甚至再一次機會，再拿一次水，提醒他如何拿、如何小心等等。一個挫折得到一個學習「教育」的機會，還是一個錯誤一次「教訓」，就看成人如何應對。

隔離

　　通常嚴重的偏差或者失控的狀況才考慮隔離的處置。目的在於切斷當下的情緒與事件的連結，保留情緒冷卻的空間。隔離也分輕重，只是脫離現場，例如，只是將孩子帶到人少的地

方，或是帶到獨立房間內隔離並限制其離開房間，兩者輕重就不同。教室內輕微的隔離，例如，坐在窗邊小板凳觀察其他同學工作，直到被允許離開。帶離教室，就是較嚴重的狀況了。隔離期間不要說教，情緒復原是主要目的。頑強情況時，隔離可能需要重覆使用。隔離時成人的情緒必須盡量平穩，不應受到孩子情緒或反抗的牽引，以免自己也陷入激動情緒，前功盡棄。

共同討論

適用在較年長的孩子，與孩子一起討論解決問題。討論應顧慮到孩子的隱私性且應保持平靜不情緒化。討論應是教育引導性質，善用孩子的同理心，鼓勵並協助孩子檢討。

特約時間

在很多情況下，孩子偏差行為是因為孩子需要被關注，或者安全感不足（例如家中有新生的弟妹）。情況嚴重時可以考慮給予「特約時間」，例如選定每天特定時間陪伴孩子，盡可能一對一，並依其建議做孩子想做的事，比如說故事。「特約時間」不一定要很長，但品質要夠。這種方式投入雖較大，但長期十分有益提升孩子的安全感。同時也需要定下適當的配套規則，例如定時定量及紀律，以免「玩瘋了」適得其反。

至於常見的「記點」量化好或壞的行為，再加以獎懲，雖能收一時之效，但容易陷入「交換式」（外在誘因）的乖巧，

或獎懲無度，長期而言並不建議。管教是以愛為本，以理性為用，忍耐是最佳，而最忌諱當下自己的情緒被牽引撩撥，如果情緒已被挑起，那就要考慮前面討論到的處置時機是否應該改採「秋後算帳」，另擇時機了。每次管教都應該提醒自己，這是一次教育的機會、孩子學習的機會，是為了造就孩子，不是父母的情緒發洩。不要因為情緒失控，讓「教育」變成「教訓」，理性被情緒掩蓋。在管教的實務上，還有下列原則值得參考。

▲輕微的偏差管教要即時，凸顯即時的正義原則。

▲獎懲適度。尤其是在公共場合，不要因為怕失了面子問題而失了分寸。

▲獎懲標準前後要一致，父母要一致。

▲要確認孩子知道為何受處罰，但也避免說教方式。

　　在結束本章節前我還是想再一次強調，偏差行為處理，基本上是「亡羊補牢」的消極作為，做為父母師長，積極作為的管教模式是更值得思考採用的，讓孩子的偏差行為自源頭即消彌，或在最初級的偏差出現時，即能被察覺並立刻輔以正面的修正行動。理性的父母造就理性的孩子，因為愛，我們就有了耐心。

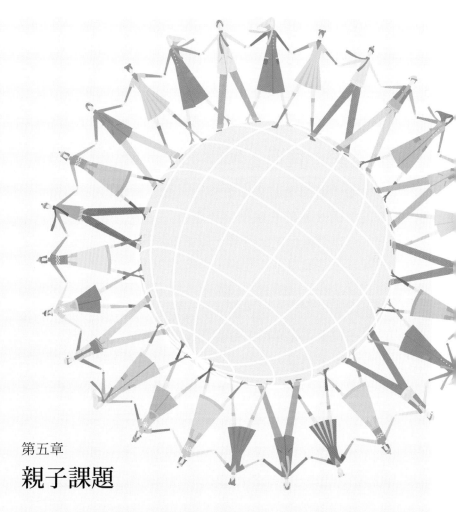

第五章

親子課題

　　親子間教養的課題林林總總，我在這一章所列的課題，是過去二十多年來，與幼兒園的許多年輕父母對談，甚至約談後，心有所感而寫下的。回想自己在他們年紀時所經歷的育兒過程，也許是太自信也許是工作太忙而輕忽了些，又也許是未有機會直接受益於教養專家的忠告，因而未盡能在孩子更幼年時，就給他們的成長環境，有一個更寬廣有益的準備。因此，我在寫下這些課題時是帶著些許使命感，以自己多年的實務輔導經驗，記錄下或可供年輕父母參考、思考並架構陪伴孩子成長的一些方向和要素。同時，在一些課題的論述過程中，我也沒忘了，要為尚未能替自己辯護的孩子們做個代言人。親子教養，不只是成人主觀的想怎樣引導孩子而已，也需要基於對孩子在不同年齡階段的特質有所了解的基礎上來建構，方能相輔相成，事半而功倍。

一、愛、自由、紀律

　　多年前的一場親子講座上，我心有所感寫下了：「親情是天生的，愛的方法卻需要學習。」這些年來我不時的使用它，也提醒自己，在經營一個幼兒園的同時，務必安排機會，將親子課題的原則和經驗，傳承給一屆又一屆孩子的父母們。講「愛」容易，落實它的時候，卻不是如此輕易。看，孩子剛誕生時多麼可愛，為什麼不到幾年，他似乎不再可愛，甚至有時候「可惡」呢？孩子會長大，父母看他的心態有沒有跟著長大呢？孩子不是大人的玩具，他是一個人，當他從一個完全依賴的嬰兒，短短幾年他開始有了自我，有自己的思維，他還需要大人的幫忙，但是最終，他需要長成我們心目中的「有出息」的另一個大人，你應會希望他比你更傑出。但是，這過程中，你要如何幫助他長大，卻又不會成為阻擋他傑出的「大石頭」。他很小的時候，你認為自己一定會愛他，但是漸漸的，你也許不再那麼確定。這似乎是很多「過來人」的感想。他「不乖了」，他「常讓人生氣」。不太對勁，邏輯上來說，不是孩子出了問題就是我出了問題。誰該負責呢？愛，不是那麼容易！

　　讓我試著從教育的角度來界定親子間的愛是為了什麼？我說，愛，是為了孩子身、心、靈的健康成長。如果你同意這定義，那麼，請繼續看：

　　孩子的健康成長包括：身體（物質面）、心智、心靈或靈性（精神面）三方面，以及三者的搭配。對於父母來說，孩子身體的成長具體易見，心智、心靈的成長卻是很抽象。心智引領人的言行，心靈則是安身立命之所託，因為抽象所以需要更多的了解與關注。孩子漸漸長大，物質上也越給越多，心智、心靈上是不是也同步越加發展呢？孩子在邊學習邊成長的過程中，親情上、心靈上我們是否隨時陪伴著他？這種陪伴不一定是如影隨形地在身邊，而是孩子感受得到自己被支持、被肯定的那種感覺，或者就是我在前幾章談的「安全感」。這種安全感絕不是靠不停的讚美、一天24小時隨時隨地在身邊來建立的。而是正如我在第二章所呈現的成長藍圖中，孩子可以透過不受非必要的「干擾」而親手完成一些有興趣的「工作」，不斷累積而獲得自信、獨立等等人格特質，外加親子間「有溫度」的互動。在孩子面對生活上需要「解惑」的時刻，得到父母的引導、關心。生活在一個繁忙的社會中，我們都感到時間緊湊有限，我們把孩子送到幼兒園去。這無可厚非，然而，在與孩子相處的有限時間中，更顯得重要的是，如何把握有品質的親子時間。了解孩子仍然是關鍵。蒙特梭利在她的《童年之祕》中指出：「物質上的富裕，常是心靈發展受阻的原因。」也許這句話我們可以這樣來看：我們本需要用些心思，加上一些時間陪伴孩子成長，而我們用了「太忙」這個理由，再加上物質上的獎賞（我們很忙是為了累積物質上的回報）去填補親子時間的缺席，慢慢的，孩子也習於用贏得物質獎賞來取悅父母並確認自己的安全感。這時，親子間的橋樑是物質，而不是

心連心。物質不是不重要，但無法取代更重要的親子之情。
「child affluenza」一詞曾經在美國流行，意指由於父母供
給太多，造成孩子過度沉溺於物質，生活缺乏目標等症狀的情
況。我們對孩子的愛有「大愛」、「小愛」之別。愛，是爲了
孩子身、心、靈的健康成長。「小愛，其身」，「大愛，身、
心、靈」。對孩子的愛應該延伸至心靈的健康及強健，而過度
的物質，不但不能延伸至此，甚至反使孩子沉溺於五官刺激的
滿足中，而終至無以爲繼。對於幼兒而言，愛，是安全感的來
源，是難以做作的。

　　接下來我們談談「自由」。主觀上，「自由」是一個正
面的詞，我們喜歡自由，實務上，「自由」如何可得？「無條
件的自由，只會導致腐化並損傷萬物之靈的位格。」19世紀
的宗教先知巴哈歐拉如此說。他勸戒人們：眞正的自由來自於
服從律法的自由。談到孩子成長過程的「自由」，蒙特梭利則
說：「……自由的先決條件是孩子的人格必須有健全的發展與
構成，包括獨立性、意志與自制力等……」，我們在談孩子的
成長藍圖螺旋中曾談到這些人格特質。因此，孩子成長過程中
的「自由」，可以是負面的，如果它是一種「放縱」，它也可
以是正面的，如果它是一種規範下、紀律下的自由。就像在紅
綠燈的規範下，十字路口才是安全通行的「自由」一般。成人
常有一種迷思，認爲孩子自由才會有創意，蒙特梭利卻是明確
的說，沒有基礎的創意是一種空想，而所謂的基礎卻是在規範
（紀律）下方能習得。簡言之，「創意是來自堅實的知識基

礎。」這一邏輯我們在成長藍圖中也看到。在幼兒教養實務經驗中，我的確看到許多年輕父母困惑於「自由」與「放縱」的差別，直到孩子夠大卻長成桀驁不馴，難以管教甚至放棄，才驚覺「紀律」的重要。必要的律法是爲了保護人們，孩子的成長過程也一樣，他需要清晰合理，最終有益孩子的紀律、規矩，紀律是爲了保護孩子不會涉險。有意思的是，教室實務上我們可以觀察到，一個有紀律、遵循教室常規的孩子，他的情緒也經常是平穩，安全感高的。我必須說，有規則可以遵循，對孩子來說反而是一種安全感的來源，因爲這時因果是可預期的。

至此，我們可以結論到，爲了孩子的學習，孩子需要自由，但那是一種心靈上的不受限，而不是行爲上的不受限，或說心靈上的自由不是行爲上的自由，相反的，它是行爲上有紀律的。最後我們來看看「紀律」。日出日落，花開花謝，明日依舊。如果太陽有一天不循這個規矩，三天才日出，那麼地球上的萬物恐怕都要滅絕了。人來自大自然，亦必有其要遵循的規則紀律，這是人類的傾向，就如前面談到孩子「次序敏感期」的特性。「紀律」是一種規則，因爲是規則，對孩子而言就是「可預測、可重複、可掌握」，這都符合前面我們談到的「安全感」的要素，這正是何以合適的「紀律」帶來安全感，而不是相反。但一個紀律如果讓孩子害怕，它的合理性就需要再檢視。

二、自制──延遲滿足的能力

　　和紀律相關的一種孩子的人格特質就是「自制」。也許是二十世紀末葉以來，大人的世界中，民主、自由、人權喊得震天價響，而家庭中的少子化，使得每個孩子都成了寶，對於孩子管教的模式（見前一章），一時之間也自一個極端晃到了另一個極端。這種表象上自由的解放，讓我們忘了教育所為何來？對孩子無紀律的縱容，事實上成了讓孩子無知的一種壓抑來源。1989、2006年著名研究期刊Science中，哥倫比亞大學教授Mischel發表的大型研究結論指出，具備「自制」能力的四歲（中班）或更長的孩子，年長時功課表現較佳，成年後認知和社會能力均較高，也較擅長處理情緒和挫折。這是一個很值得參考的結論，畢竟我們的社會價值常認為「自制」是一種壓抑，甚至是「懦弱」的表現。而事實上，「自制」是勇者的特質。因為，「自制」是為了之後更大的好處而忍住當下，英文是delay of gratification，「延遲滿足的能力」也正是「小不忍，則亂大謀」的另類寫照。智者能忍一時而成就千秋。研究也發現許多企業界的成功巨賈大亨和高階主管，常具有這一特質。「自制」是被稱為「executive functions」（E.F.）中的一個重要元素，是大腦前額葉高功能的一種。也許我們會說，這麼小的孩子如何能懂「自制」？事實是，這是可以練習出來的。看看蒙特梭利教室內，許多有趣的教具，經過老師團體示範操作後，孩子們都躍躍欲試，誰先？孩子平常經過「教室常規」的洗禮，一群孩子總能自行約定出誰先誰後的順序，這就

是自制能力。在家中，雖然手足不多甚至是獨生，如果父母隨時意識到，孩子最終是在社會團體中生活，那麼「自制」能力將是能成就孩子的一個重要特質。

三、培養孩子的人格特質

　　年輕的父母對於幼兒的成長都有許多的期待，「孩子，我要你比我強！」這是可以理解的。不過，這一些期待是否合理而可以達到呢？而所謂的不合理，例如，超過孩子年齡的能力。我們前面討論了培養孩子成長的「準備的環境」，如果成人未先做自己該做的，像是任憑孩子的學習環境處在「未準備」的狀態（如前所述），卻期望孩子能如所期待，那麼這期待是否合理呢？我們過去曾調查過，一般父母對孩子成長期待的人格特質常見的有下列。這些期望當然不是不合理，但是，這些人格特質很多不是用嘴巴能「教出來的」，而是情境「培養出來、燉出來的」。意思是，它們是「情境」的產物，也就是在「環境」具備條件，成人也扮演適當的角色下，假以時日，才能產生的成果。它需要一些時間，不是一蹴可幾的，有些特質甚至是父母本身也必須也具備才行呢。我們來看看這些被期待的特質（參考圖四）。

專注與耐心

　　對於幼兒來說，「專心」幾乎只能是自發性的。我們很難期待只用說教的方式，孩子就會專心。事實上新生兒天生具有

專注的能力，只是大多的父母沒有注意到或者是不以為意。稍長的孩子漸漸失去這種能力，而這種能力的失去，通常是成人不斷地打斷其專注的情境而造成的。「專心」是環境培育出來的，它的典型情境是這樣：首先，是一個事物或工作能引起孩子的興趣，當孩子被吸引進入後，不被其他人、事、物打斷或干擾，直到他對這事物滿足而轉移到其他事物為止。當你意識到孩子專注時，只有在他主動須要協助時，成人才能介入。回想一下，當孩子幾個月大時你抱著他走動，有沒有觀察到他盯著一個東西看，這時，你會停止移動，讓他完全滿足移開目光為止嗎？孩子專心時，正是他對外來刺激（訊息）「內化」的時刻。成人敏銳地注意到，並且耐心地等待他「完成」，做得到嗎？稍大的孩子，好不容易找到他有興趣的事物時，你會粗魯地打斷他的小小興趣嗎？還是耐心地等待，享受地觀察這小小心靈到底在想些什麼？你的步調會推著他匆忙帶過嗎？尊重孩子的步調，體會慢而深沈的智慧。孩子有專心的機會及能專心的情境，是成人先要提供的。而你的耐心，常是孩子耐心的學習對象。第二章成長藍圖中，我們提到孩子在一個有興趣的工作中，「專注」的出現，讓孩子可以跨過人格建構的門檻，假以時日人格就形成。我們可以說孩子能「專注的工作」是人格建構的敲門磚。成人需要營造一個「準備的環境」，提供給孩子能「專注工作」的機會。

自信

　　自信來自足夠多的成功經驗。對孩子來說，什麼是成功的經驗呢？在自己掌控下完成工作。「自己完成」很重要，這和親自動手的經驗相關，另外，孩子完成後的滿足感很重要。孩子平常的工作經驗中，遭遇困難怎麼辦呢？孩子奮戰不懈的特性其實是很常見的，如果這困難確實超過他的能力，成人再適時介入做適當引導，但宜點到為止，讓孩子完成大部分。至於超過孩子能力太多的工作，從開始就應該避免孩子啟動不適齡的工作。這和兒童發展中所謂「近區學習」（ZPD）理論相關。此外，對於孩子工作成果不如預期，成人應避免口頭上的批評，而改以較積極的動作引導。口頭上的批評論斷，常是孩子挫折的來源，自信的殺手。對孩子不當的期望，反而會使孩子退縮不前，不敢嘗試，正是「少做少錯，不做不錯」。另外，好的成果也不宜過多的讚美，以免孩子將「內在成就感」的動力，無形中轉化成「外在誘因」，自發性因此消失無形。孩子工作中如果不斷須要你的認同或讚美，正是依賴「外在誘因」的徵兆。

獨立

　　這可是大題目。簡單來說，獨立的指標是自己能做決定，並依此完成任務。孩子要能做決定，這有許多前置的條件和特質要先具備，例如足夠的認知發展、動作發展、更抽象的自信等等。還要有足夠能力去完成。兩歲左右孩子的獨立能力可以簡單的體現在適齡的自理能力，也就是日常生活中一些適齡

的自我照顧能力。值得提醒年輕父母的是，不要低估孩子的能力，舉凡穿脫衣服、鞋襪、小號大號、自行進食等等。在教室中，我們還可以引導孩子「照顧環境」，如澆花、擦桌椅、擺放餐具、收拾物品等等，這些都是他們有興趣的工作。日常生活中有許多工作，可以直接或適度簡化後讓孩子來參與。曾有父母請教道：「孩子幾歲會自己綁鞋帶？」我說我見過三歲多的孩子能做到，也見過大班要畢業的孩子仍不會的，你說呢？孩子有沒有機會和被引導的差別而已。我們希望孩子「獨立」，但我們是否給他營造練習獨立的情境呢？我們保護過度嗎？我們過多的指點嗎？我們常給孩子負面的批評嗎？孩子自己動手的機會和適時被恰當的引導和支持，是孩子獨立的重要養分。

責任感

　　談兩歲幼兒的責任感會不會太早了些？孩子也許不懂什麼是責任感，但是這種氣質是可以培養的。兩歲的孩子如何培養責任感呢？試試從次序、序列、完整工作和種因得果的概念來切入。針對孩子能力內能做的工作，試著讓他依步驟序列有次序的完成，並接受或享受其成果，這就是很好的因果訓練，也是責任感的先導。當孩子漸漸長大，自我意識強了，很自然想自己「當家作主」，想自己做決定。當你發現通常你很難拒絕，而且讓步似乎也沒啥大不了時，也許就是該讓孩子學習承擔責任或後果的時候了。當你不同意，但孩子堅持要照他自己的意思作時，在沒有安全顧慮的情況下，何妨給孩子一些忠告

後，就讓孩子堅持並學習面對結果。孩子在能獨立前，需要先具有相對的責任感，否則孩子就成了「有權無責」的小皇帝，大人只能成天追在他後面收拾善後了。一般來說，孩子行為能力愈多，愈需要責任感的訓練。

創意

　　一般我們講到創意，我們想到的常是「天才」、「無中能生有」、「憑空而降」。其實從經驗上來看，「天縱英明」是非常少見的，通常是「一分天才，九分努力」，創意是來自「堅實的知識基礎」，創意是經驗的外延（extrapolation）[14]，而堅實的知識和前面談到學習上的專注、耐心、自信、責任、獨立又皆環環相扣，創意似乎是這些特質的綜合成果。創意不是「教」出來的，而是「發展」出來的。對於成人而言，創意除了「新穎、未曾見」還必須「可行」，光有「點子」不能稱為創意，「餿主意」也常見。而「可行」則必須用到系統性思考，多面俱到的通盤行為指引。從大腦發展角度來說，每一部分知識的內化，都形成一種局部相對應神經網路的連結及髓鞘化，當多個局部神經網路都相互連結成一四通八達的大網絡時，一個意念的形成才會是多點而且相通可行。網路愈周詳，形成全新組合思路（創意）的可能性就愈大。創意是來自「堅實的知識基礎」，其信可徵也。孩子的創意，讓我們看到他如何善用已學得的知識，並用成人未曾想到的方式呈現出來。觀察敏銳的父母應該有很多這樣的經驗。

自制與意志

我們在這章開始就談到自制，幼兒階段談意志和自制，似乎有點沉重，其實不然。許多幼兒發展研究已經提出，孩子的人格發展中，自制能力（或延遲滿足的能力）的建立影響深遠及於成年。自制能力就是意志的執行。意志在大腦發展中是額葉（前腦）的高階功能，而額葉是最晚甚至是成年後才能完全成熟的。它是「腦之腦」。首先我們可以再談談自制是什麼，還有它的必要性。前面我們提到孩子的「動」與「靜」，我們說「動」是天性，是學習的機會，那麼能「靜」就是教育的一環，是能「聰明地」動的要素。動靜自如就是孩子的自制能力。就像車的油門與刹車的搭配一樣。一部好的跑車，它兼具優異的油門和刹車，才能操控自如，沒有看過只有油門卻沒有刹車的車輛吧。其實在我們的生活週遭，我們看過不少孩子因爲缺乏自制而釀成大禍的例子，青少年的爭執鬥毆、飆車、自殺等等。回到幼兒階段來說，孩子在「自我」階段，舉動皆以「我」爲中心。在通常能予取予求的環境中，孩子很難學到「自制」。孩子一旦進入團體中，願意或不願意，他必須發展「人我」的關係，他很難持續地完全「自我」，因爲週圍其他的孩子也會堅持「自我」，勢必衝突不斷，環境勢不可能讓他予取予求。而「人我」關係的建立就是協調、讓步、自制的結果。或者說自制能力是社會化的基本能力，是良好EQ的基本要素。自制也是一種意志的體現。說到意志，有趣的是，幼兒天生是一種完美主義者，他有追求完美的傾向。在工作中，一旦他專注其中，便呈現一種不達目的絕不罷休的固執精神，

這是明顯的意志。不過，如果這種傾向不能得到環境條件的支持時，他就逐漸喪失這種特質了。因此，善用這種特質培養孩子的意志，是一個有用的途徑。具體的來說，在生活中如何培養孩子的自制和意志呢？教室內事實上有許多機會，例如，孩子被引導工作必須完整地做完，即使工作本身不完美。孩子從取用教具開始到完成工作，將教具收拾好並置回原處，必須被嚴格遵行。而孩子工作中的專注、重複、努力不懈，應得到鼓勵，環境必須加以支持（例如不隨意打斷）。此外，「延遲滿足」的能力練習，例如，排隊、輪流等侯、禮讓、分享等等都是非常重要的自制和意志能力。在教室中，我們可以設計一些教室規則（ground rules）要求孩子遵守，紀律成為孩子意志發展的奠基石，這是非常重要的理解。如前所述，腦神經科學家並已指出意志發展與大腦前額葉發展是直接相關的。

四、孩子為什麼不聽話

前段我們談了紀律，雖然大部分的成人可能相信紀律（discipline）與服從（obedience）出自「威脅」與「懼怕」，也就是要孩子服從前，需先將孩子的個人意志（will）打破。但是，前段已經很清楚的說明，真正的服從，反而是來自孩子內心願意服從的意志，因為服從（紀律）帶給他更高的安全感。挑戰來自於父母成人如何營造讓孩子信任，而且滿心歡喜服從的情境。我們應記得，當孩子不服從時，他的安全感也是低落的，他處於一種對抗狀態，原因何在需要父母去探究

出來。不服從並非孩子的本性。但是，不當的紀律與服從訓練，可能使孩子過於壓抑，意志無法健康成長，缺乏獨立性，退縮或學習緩慢。要求孩子事事服從，則孩子無法形成自我意志，判斷力弱，也可能對父母的要求事事抗拒。至於放縱的孩子，成長過程中不遵教誨，行事也無所依循，因此也同樣導致阻礙學習。因此，紀律訓練無論過或不及，對孩子的智識成長（IQ）及社會行為發展（EQ），都有不良影響，家庭與學校的責任是同樣重大的。以下我們來看看所謂的幼兒三階段服從。

幼兒的服從層次可分為三個階段，雖然和年齡有關，但主要是發展階段上的不同，也就是說，如果前一階段的發展沒有順利進行（例如，父母或老師未能了解孩子的階段能力而做出過當的回應，進一步引發孩子的不當應對，形成了惡性循環），這一階段的發展自然是不易順利。

第一階段（通常是3歲以下）

由於這時孩子的身、心成熟度及認知能力都不足，意志、自我控制（額葉發展）能力未完成，他只服從於他想要而且有能力做的成人指令。這階段具有下列特性：

▲孩子的是非概念仍十分薄弱。

▲有時服從有時不服從，昨天服從今天不服從，都是很常見。

▲對2、3歲以下的孩子不應期望完整的服從性。

▲下指令要慎重以免自己下不了臺。指令要考慮孩子的認

　　知理解能力和行動力。

▲孩子在「沒有能力」服從的階段，若以嚴厲的方式要求
　服從將壓抑其心智發展。

　　這階段的孩子，需要用和善、耐心重複、示範來引導孩子
養成你期望的好習慣，不應期望只用口頭論說的是非對錯，來
引導孩子。

第二階段（常見於3-5歲）

　　這年紀的孩子已有適度自我控制的能力，但有時也不能完
全轉譯他人的意願，這階段的不服從，有幾個可能：

▲不了解指令；

▲了解指令，但不知怎麼做；

▲了解指令也知道怎麼做——不服從。

　　對於前兩者，成人可用和善態度的示範來引導孩子，並確
認孩子學得如何做。至於不服從，先確認不是不了解指令或不
知怎麼做，這種情況的處理最好是盡可能找出原因。如果一時
找不出原因，也應避免以暴力強制服從，可以考慮以不服從的
後果孩子自己要承擔（例如，如果不洗手，就不能喝果汁）。
成人處置的合理性必須顯明，別忘了孩子也會模仿我們的處事
態度和方法。

第三階段（正面服從的成熟階段）

如果孩子成長的過程中，經歷前面兩個階段的正面發展，他將會進入這個正面服從的階段。此時孩子的成熟度已經較高，在孩子感到信任和安全感的情境下，孩子願意將自己的意志置於成人的意志之下，而呈現一種無條件服從的態度，因為他信賴這位成人，相信他的指令是好的，相信成人知道他所不知的。這階段的特點是：

▲立即服從；

▲成人值得被信賴（指令合理、不濫用）。

上述第三階的服從與蒙特梭利所說的「正常化」（normalization）階段是息息相關的。教室中，情緒上較成熟穩定的孩子，就可能進入這樣的階段。孩子將自我與環境（學校、家庭）、親近的成人（教師、父母等）融合在一起。這樣的孩子情緒穩定，學習容易專注深入。

接下來我們再談談若孩子常常不聽話……

實務上，孩子不聽話我們要先考慮些什麼？

1.命令的可行性：避免孩子養成抗拒習慣（孩子發現只要抗拒久些就可不用聽話），下令必須要能做到。

▲下令前先想過（別讓自己在孩子前下不了臺）；

▲指令少些；

▲指令簡要；

▲要求合理；

▲儘量用非口語要求。

　說「進教室！」不如走過去帶他進教室。

▲提供適當指引式選擇。

　「把玩具收起來！」不如問：「先收車子還是先收積木？」

2.平日多增強聽話行為。「你看！你也會做耶！」

3.中止法——合理要求行不通時，避免爭辯衝突，可帶孩子脫離現場到「隔離區」，平靜但堅定留置隔離。注意隔離時間長度及安全。

4.長期而言，平常多給孩子做決定的機會，並讓他養成對結果負責任。

5.孩子受挫越少，越傾向服從。（著眼在命令的合理性。）

6.長期穩定的情緒環境。（堅持孩子該做的，但不動怒。教育不是教訓。）

五、銜接小學（6-12歲）

　2-6歲的幼兒階段回首來看，其實是過得飛快，接下來的6-12歲是蒙特梭利口中的另一階段。我們同樣可以從孩子的階段特性來看他的差異。記得我們在區分這一學齡期階段的孩子心智時，可用「理性心智」（reasoning mind）來對照幼兒階段的「吸收心智」（absorbent mind），或者我說的孩子

由「what」階段進到「why」階段。意思是，在幼兒階段，整個世界對孩子來說都是新奇的，孩子急著知道「這是什麼、那是什麼」，忙不迭地吸收所有的「標籤」（names）資訊。到了「why」的階段，他的腦袋有了相當資訊庫存，他不再只滿足於「what」，他開始想知道事物的來龍去脈，他的理性心智開始強化，他更想知道「why」，也就是事物的來龍去脈。這就是跨入這階段的孩子最大的特性。我們在了解孩子此階段的基本特性後，孩子的「準備環境」也就需同時調整改變。這階段與孩子的互動，很自然的，理性的成分需要強化。很多情況下，孩子對於指令不再完全接受，而需要講道理、合理的說法。然而，畢竟孩子的成長過程仍需持續的指引，所以上一成長階段我們前面所討論的「紀律」，也應該要持續建立和保持。顯然，這階段的紀律堅持，可以有、也應該有它的理性基礎。我們用幾個觀察來說說銜接到6-12歲階段孩子的特性。

「追根究柢」，「爲什麼」會是孩子心裡持續懸著的問題和態度，而且會隨年紀越來越明顯。成人可以在孩子年紀可理解的範圍內，提供說明，也逐漸培養孩子論述的能力。因爲距離下一階段青少年期還有相當時間，6-9歲的孩子一般相對是較穩定自在的。也因爲有了些基礎，這階段的孩子對自己較有信心，專注能力也普遍較幼時更好。我們提過，在幼兒階段孩子對於是非對錯認知是較模糊的，因此，培養孩子一些「好的習慣」比論說對錯更有用。然而，到了這個階段，孩子更大了，也更有能力衡量「對與錯」、「好與壞」，這些當然和孩

子的「reasoning mind」需要講道理，是直接關聯的。相關的是所謂的「正義感」的發展，也就是孩子對於他認為「不對」的事，是敏感的。但初始階段的正義，往往是二分法的非黑即白，非對即錯。顯然的，這時還是需要給予引導，需要時間持續的發展。「什麼道理？」是他的需求，這包括成人給的指令，他也會有同樣的反應。孩子的質疑，應該被視為此階段的發展特性，而不是存心與成人對抗。如果能夠適當回應，孩子反而學到更多「講道理」的理性、邏輯能力，反之亦然。另外，孩子的抽象化能力也在逐年增進，例如感覺、想像的能力，對於時間的概念，例如去年、明年等等也比較具體。

這階段的社會化（人際關係）發展，勢必較上一階段要擴大，孩子對外在的世界有更大的興趣（包括社會文化），同時也許不再那麼黏著媽媽。人際關係擴大的同時，孩子選擇判斷的能力亦將需要隨之增加。孩子對於言詞的信任，不再是全盤接受，而漸漸輔以「所見」行為與「所聞」是否一致。因為正義感初萌，成人的言行是否一致，成為判斷的重要依據。父母的言行模式，自然塑造孩子的言行模式與是非判斷。

另外，稍長的孩子與同儕間開始會形成具認同歸屬感的小圈圈甚至「山頭」，對小圈圈「效忠」、「責任」都是常見的現象。這種小圈圈的誤用，可能就成了霸凌的來源和工具。而若善用，也可以成為成員間相互砥礪向善的一個來源。父母、老師應該對小圈圈多做了解與引導。本書前面提倡的「準備環

境」的概念，可以和孩子的小圈圈做聯結，如果這樣的小圈圈可以得到引導，它就自然地成為一種「準備的環境」。如此，孩子在其中得到合宜的發展、成人的了解與引導，小圈圈再逐步擴大成大圈圈。這其中，「了解孩子」顯然仍是成人重要的功課，了解這階段孩子的特性，同樣的就是第一步了。

對於這階段的孩子可以提供團體式的學習活動，例如，在指導之下，一起完成一個學習或工作計劃。這個階段的孩子需要由「自我」擴大到「人我」，由IQ發展兼顧到EQ發展，也就是說它需要學習如何與他人合宜的互動、共營。眼下社會在少子化的趨勢下，許多孩子沒有兄弟姊妹切磋學習，直到進入學校，才有了社會化發展的機會。然而孩子的人際經營能力，仍需要父母付出更多的關注，在孩子受到人際挫折時，多給予正向的引導和支持，將心比心，而不是深怕孩子吃虧了，一味的保護、袒護孩子拒絕朋友。孩子們之間的輕微摩擦，不應隨意被擴大解讀成「霸凌」，否則孩子將因懼怕人際關係，而將自己孤立、邊緣化、「宅」化。

這一階段的孩子也會發展出崇拜模仿的對象，這常常只是一個年紀稍長的大哥哥、大姊姊而已。因此，孩子所處的環境是否是「準備的環境」，仍然是一個很實用的指標，畢竟模仿是一種最快的學習方式，而模仿的對象和環境就是關注的焦點了。

六、功課怎麼辦

　　最後，也許我們可以談談孩子的「功課」。孩子的成長過程和發展，很容易地會被簡化或二分化（dichotomized），也就是簡化成上學受教育功課保持好成績就好，或二分成成績和人格發展是相互獨立的。前者，表面看來似乎沒錯，然而，我們有可能不自覺地假設了教育的每個面向（例如，德、智、體、群、美），都被學校忠實地執行，而且孩子也學到了。實況告訴我們，大部分的學校教育，其實仍多是偏向容易量化（打分數）的「智育」，其他面向，尤其是「德育」則是十分弱勢，甚至付之闕如的。而後者，則是將「智育」和其他面向尤其是「德育」分離開來。甚至認為「智育」好就是「好」孩子，事實上，想想，以目前許多學校教育的樣態來看，多是將大量甚至過量的「資料」（不一定是知識），塞進孩子的腦袋。孩子長期在應接不暇的狀態下，「四肢不勤，五穀不分」很常見。基本的自理能力、生活常識都很缺乏，是很普遍的現象。植基於日常生活的人格教育，自然是缺乏的。如此薄弱的基礎，在兒童階段因為大部分時間仍在父母羽翼之下，不易察覺。然而當孩子漸長，跨入青少年階段，跨出家庭，面對社會芸芸大眾大小事物時，孩子的行事準則和依據，常常不足以做出合宜的判斷，父母的頭痛就一一浮上檯面了。當這些處事待人的困擾越多時，孩子轉而無心於課業，也是常見的發展。因此，從不同的面向來看，功課好壞和人格健康發展，當然有關係，而且是長期互為因果。前面章節討論的螺旋「發展藍

圖」，其中形成的人格特質，是直接和「功課好壞」有關。例如，如果一個孩子有自信，他會樂於探索學習新的課程，面對問題，多方嘗試。如果一個孩子有責任感，他不會放任功課不好，卻不設法改善，也不會把課後作業不當一回事。更進階的「計劃」能力（前額葉發展），則更是以具有這些人格特質為基本才能發展出來。

因此，要孩子「功課好」，不是父母陪讀的功夫。我認為大約在學齡階段的中期（三、四年級）之前，孩子就應該培養出對課業的責任感。例如，放學後功課要做完而不是先玩手機，考試近了，有一個準備考試的讀書計畫等等。許多父母對於教養的想定是「尊重孩子」、「不打罵」、甚至「功課不是重要」等等。相較於所謂「東方式」的教養，這些想定有時似乎就偏向負面了。而本書的論述一開始就提出，教養是自人格養成來切入，因此有了人格發展螺旋（第二章），而從這螺旋的討論我們也注意到所謂的「人格發展」會帶動「知識發展」。因此，顯然「功課不重要」並不是我們的論點。不過，「功課」是指什麼？「功課」和「知識」等同嗎？尤其在「補習」和「升學」教育的詞彙下，它是不同的。在國內的教育環境下，「功課」不好，考不上好的學校，那麼似乎「西式」教養就顯得是「唱高調」了。我個人長期的觀察和經驗認為，一個好的教育模式，是人格培養得以建立，而且這些人格特質足以使得孩子保持良好的功課，即使它只是為了升學。反之，一個只為升學而功課好的孩子，他的人格特質不必然是良善的。

粗糙的說法就是IQ好EQ不一定能好，一個人格特質良好的孩子，EQ好IQ也不會太差，這就是我們在這本書中所倡議的教養模式。

在這種教養模式下，我們注意到功課能保持良好的孩子，通常也是做事規律，有紀律的孩子，或者說有責任感的孩子（這些也都是人格養成的訴求特質）。幼兒園階段的孩子，功課還不是重要議題，但是孩子自小就需要養成一些「好習慣」。例如，作息規律，遵守家規，自理的能力，逐漸呈現的責任感（例如，自己的東西收拾好，自己的房間自己保持整潔等等）。進入學齡階段，他需要認知到功課是自己要完成的責任，別人可以陪伴，但還是自己要去完成。父母要確保的就是陪伴孩子去建立這樣的責任感。此外，訓練孩子做計劃的能力，也是可以慢慢帶入培養。孩子的功課隨著年級往上，會越來越複雜多樣，訓練孩子練習，將需要完成的功課，做出一個執行的計畫，然後一一兌現。而計畫的能力，當然也可以延伸到準備考試上。

後話

　　12歲前後就要進入更具挑戰的青少年期
（teenage），這是一個更具話題的階段，實務
上，我雖然也參與、引導不少青年、青少年成長
課程活動，但將這階段的觀察、研究探討成書，
則仍未就緒。不過，我認為「瞭解孩子」、「準
備環境」仍然是這階段成人的重要任務。「瞭解
孩子」的青少年期特性，仍是父母第一步要做的
功課，並據以持續「準備環境」，直到孩子長大
成人。根據這原則，在陪伴孩子成長方面，我們
其實還是有很多選擇，而不是求助無門。如果孩
子在第一階段、第二階段都擁有穩健的親子關
係，青少年期不會是叛逆期，反而是邁向成年的
正面積極衝刺期，生命中的春天，朝氣蓬勃。這
本書的書名「贏在終點」，是期望我們在書中的
論述，能夠有益於所有的年輕父母甚至祖父母長
輩們，能夠營造出讓孩子人格心智穩健溫煦發
展，並最終贏在長大成人的成長學習跑線上。

參
考
文
獻

1、 *Shunned and Admired：Montessori, Self-Determination, and a Case for Radical School Reform*, A. S. Lillard, Educational Psychology Review, 31, 939-965, 2019.

2、 *Synaptic Pruning by Microglia Is Necessary for Normal Brain*, Rosa C. Paolicelli, et al., Science, v. 333, 1456-58, 2011.

3、 *Rita Carter, Mapping the Mind, 洪蘭譯，《大腦的密祕檔案》，遠流2002。*

4、 *Interventions Shown to Aid Executive Function Development in Children 4 to 12 Years Old*, A. Diamond and K. Lee, Science, v. 333, p.959, 2011.

5、 *Praise, Motivation and the Child*, Gill Robins, 2012, p.43, Routledge. ISBN 978-0-415-68174-2.

6、 *Delay of Gratification in Children*, Mischel, Roda, Rodriguez, Science, v.244, no.4907, pp.933-938, May 1989.

7、 *Montessori-The Science Behind The Genius*, A. S. Lillard, Ch. 6, Oxford University Press, 2005.

8、 *《吸收性的心智》，瑪利亞‧蒙特梭利原著，及幼文化出版，2000。*

9、 *Great Brain Debate- Nature or Nurture*, John Dowling, Part I, Princeton University Press, 2004.

10、《童年之祕》，瑪利亞‧蒙特梭利原著，及幼文化出版，1991。

11、《蒙特梭利與兒童教育》E. M. Standing原著，及幼文化出版，1996。

12、 *Montessori Talks to Parents.*

13、 *Don Dinkmeyer, Gary Mckay, The parent's Handbook：Systematic Training for Effective Parenting, 2008.*

14、《創智慧》，*Jeff Hawkins*原著，洪蘭譯。2006，遠流。

15、《愛、管教與紀律》，*Thomas Gordon*原著，傅橋譯，生命潛能文化公司出版。

16、《別小看了嬰幼兒》，丁淑芳著，信誼基金出版社。

17、《幼兒行為與輔導》，*Eva Essa*原著，周天賜譯，心理出版社。

18、「人類發展──兒童心理學》，*Papalia/Olds/Feldman*原著，桂冠圖書。

國家圖書館出版品預行編目資料

贏在終點／李定智著. --初版.--臺中市：白象文
化事業有限公司，2022.7
　　面；　公分
ISBN 978-626-7105-86-3（精裝）
1.CST: 親職教育 2.CST: 子女教育
528.2　　　　　　　　　　　　　111005204

贏在終點

作　　者	李定智	
校　　對	李定智	
發 行 人	張輝潭	
出版發行	白象文化事業有限公司	
	412台中市大里區科技路1號8樓之2（台中軟體園區）	
	出版專線：（04）2496-5995　　傳真：（04）2496-9901	
	401台中市東區和平街228巷44號（經銷部）	
	購書專線：（04）2220-8589　　傳真：（04）2220-8505	
專案主編	陳媁婷	
出版編印	林榮威、陳逸儒、黃麗穎、水邊、陳媁婷、李婕	
設計創意	張禮南、何佳諠	
經紀企劃	張輝潭、徐錦淳、廖書湘	
經銷推廣	李莉吟、莊博亞、劉育姍、林政泓	
行銷宣傳	黃姿虹、沈若瑜	
營運管理	林金郎、曾千熏	
印　　刷	基盛印刷工場	
初版一刷	2022年7月	
定　　價	300元	

白象文化　印書小舖 PressStore　出版・經銷・宣傳・設計
www·ElephantWhite·com·tw　f 自費出版的領導者　購書 白象文化生活館